Wenn Du endlich hingefunden hast zum Zauberwald, dann schreite mutig voran, tief hinein ins Holz. Gehe hin, wo weder Weg noch Steg führt. Im Herzen des Zauberwalds, dort wo er ganz und gar undurchdringlich ist, wirst Du auf eine Lichtung stoßen. In ihrem Zentrum steht ein Baum, ein Apfelbaum. Der Stamm des Apfelbaums ist so dick, dass du ihn dreimal umschlingen musst. Dann wirst du erlöst. Diesen Baum nennen sie »Mütterchen«.

Nähere Dich dem Mütterchen in Verehrung. Klopfe im rechten Takt dreimal an ihren Stamm. So wird sich eine verborgene Türe auftun, die unsichtbar in die Rinde geschnitten ist. Vor Dir liegt eine Wendeltreppe, die sich linksherum in die Tiefe dreht. Von unten scheint Dir ein silbriges Licht entgegen.

Die Stufen sind ins Holz des Apfelbaums geschnitten. Und wie Du Stufe um Stufe hinabsteigst, versteinert das Holz mehr und mehr. Die Wände sind jetzt feucht bemoost und schimmern fahl im Silberlicht, das Schritt für Schritt strahlender wird.

Die Treppe aber wird schmaler und schmaler und scheint sich wie ein Korkenzieher immer enger in die Tiefe zu drehen. Dichter und dichter rücken die Wände heran, bis sie schon rechts und links an Deine Schultern drücken und noch enger an Dich heranrücken. Fast müsstest Du stecken bleiben, wenn sich nicht just in dem Moment der Gang in eine weite Höhle eröffnen würde, hoch wie ein Dom, dass Du das Deckengewölbe im silbernen Lichterglanz nur ahnen kannst.

Die Wände dieses Fels

Edelgestein. Orakelhafte

schen, geheimnisvollen V

unermesslichen Schätzen

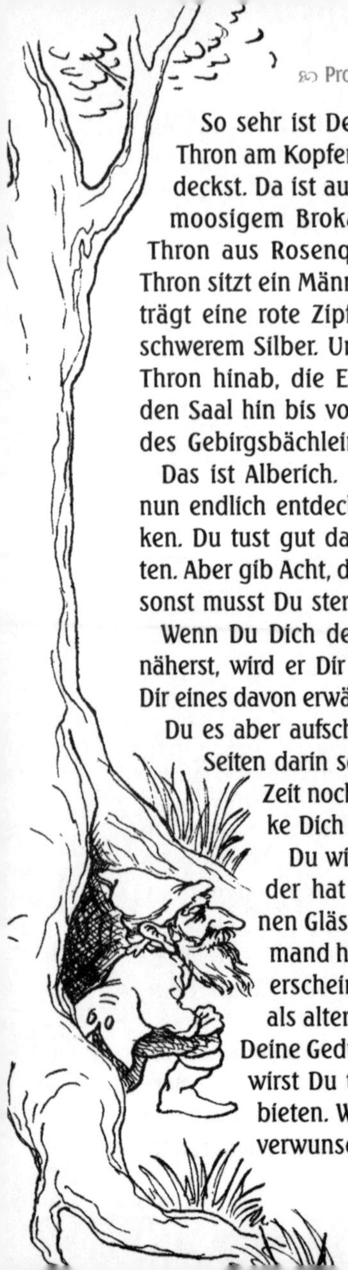

So sehr ist Dein Auge geblendet, dass Du den Thron am Kopfende des Felsendoms erst spät entdeckst. Da ist auf einer Empore ein Baldachin von moosigem Brokat gespannt. Darunter steht ein Thron aus Rosenquarz geschnitten. Und auf dem Thron sitzt ein Männlein so alt wie der Berg selbst. Es trägt eine rote Zipfelmütze unter seiner Krone von schwerem Silber. Und sein Bart fließt silbergrau den Thron hinab, die Empore hinunter und quer durch den Saal hin bis vor Deine Füße wie ein plätscherndes Gebirgsbächlein.

Das ist Alberich. Der Zwergenkönig. Wenn Du ihn nun endlich entdeckt hast, wird er Dich zu sich winken. Du tust gut daran, der Einladung Folge zu leisten. Aber gib Acht, dass du nicht auf seinen Bart trittst, sonst musst Du sterben.

Wenn Du Dich dem König der Zwerge in Achtung näherst, wird er Dir dreizehn Bücher zeigen, dass Du Dir eines davon erwählst. Er wird es Dir schenken. Wenn Du es aber aufschlägst, so wirst Du nichts als leere Seiten darin sehen. Frage nicht. Es ist weder die Zeit noch der Ort, Fragen zu stellen. Bedanke Dich und troll Dich mit Deinem Buch.

Du wirst suchen müssen. Einen gibt es, der hat eine Brille mit zwei verschiedenen Gläsern. Doch niemand kennt ihn, niemand hat ihn je gesehen. Er wandelt sich, erscheint mal als dieser, mal als jene, mal als alter Mann, dann als junges Mädchen. Deine Geduld wird geprüft werden. Und viele wirst Du treffen, die Dir falsche Brillen anbieten. Wehe, Du liest Dein Buch mit einer verwunschenen Brille!

Wenn Du aber die Not nicht scheust, wenn Du nicht zu fragen aufhörst, wenn Du nichts sehnlicher wünscht, als in Deinem geheimen Buch zu lesen, dann wird der Unbekannte Dir die Brille zustecken oder auf den Weg legen, Dir als Lohn für einen Dienst schenken oder von einem goldenen Vögelchen zutragen lassen.

Geschwind, setzt die Brille auf! Sie hat zwei verschiedene Gläser. Wenn Du durch das eine schaust, dann liest Du eine wundersame Geschichte, die jedes Mal, wenn Du sie wieder liest, anders zu laufen scheint und anderes bedeuten will. Wenn Du aber durch das zweite Glas schaust, dann liest Du Deine eigene Lebensgeschichte, die in diesem Buch niedergeschrieben ist. Denn es ist das Buch Deines Lebens.

Dieses Buch hier ist das zehnte der dreizehn Bücher. Setz Deine Zauberbrille auf und schau nach, ob es Deine Lebensgeschichte ist, die hier schon aufgeschrieben wurde, lange bevor Du in diese Welt kamst. Denn das ist das Geheimnis dieses Buchs. Es weiß mehr, als es verrät. Du musst ihm hinter die Schliche kommen, um es zum Reden zu bringen.

Schau hinter die Wörter, um die verborgenen Sätze zu finden. Geh, wenn Du nicht bleiben kannst. Gib Dich in die Hand des Waldes. Verschmelze mit seinem Unterholz. Mancher Weg ist dornenreich. Lass Dir die Hände auf den Rücken binden und gehe fort. Und verzage nicht. Wenn Du aufrichtig bist, kann Deine Seele niemals Schaden nehmen. Sieh, schon wogen die Bilder in Deiner Vorstellung wie die Kronen der Bäume, wenn ein Wetter aufkommt. Wo kannst Du Unterkunft finden, bevor die Naturgewalten den Lebenswald durchräumen? Wenn Du nun...

Felix von Bonin

Das Mädchen ohne Hände

Das missbrauchte Kind

Heilung durch Märchen

10/13

Der schmerzensreiche Wege

Param Verlag

Können wir auf Märchen verzichten? Märchen geraten in unserer Zeit immer mehr in die Bedeutungslosigkeit. Einzelne Märchenfiguren sind noch sprichwörtlich bekannt, aber ihre wahre Bedeutung und die seelische Botschaft, die sie uns zuraunen wollen, wird überhört, missachtet, verkannt. Es sind ja ›nur‹ Märchen.

Kinder werden überhäuft mit lustigen bunten Büchlein und Hörspielkassetten. Märchen sind selten dabei und wenn, dann sind sie fragwürdig inszeniert oder gar verballhornt. Es sind ja ›nur‹ Märchen.

Selbst Erzieher und Pädagogen haben den Blick verloren für den hohen Stellenwert, den Märchen in der Reifung der kindlichen Seele einnehmen, und für das Heilungspotenzial für die unvermeidlichen Erschütterungen auf dem Weg der Reifung.

So verschwinden die Märchen Generation um Generation aus unserer Kultur bzw. dem, was davon verblieben ist. Märchen sind ein Teil davon. Märchen vermitteln ein Wissen, dass nicht in Schulbüchern steht, aber für das Seelenleben so wichtig ist. Immer mehr Kinder aber kommen mit Märchen nicht mehr in Berührung. Dürfen wir unseren Kindern Märchen vorenthalten? Können wir wirklich auf Märchen verzichten?

Aber natürlich können wir! Wir können schließlich auf vieles verzichten und tun das ja auch im Namen des Fortschritts. Aber auf gesunde Nahrung können wir doch wohl nicht verzichten. Wieso? Die überwiegende Mehrheit der modernen, zivilisierten Menschen tut das heute ganz ›fortschrittlich‹ längst – auch wenn es ihnen vielleicht nicht bewusst ist, weil sie nicht wirklich darüber nachdenken, wenn sie die Folien und Pappschachteln aufreißen und in der Mikrowelle aufheizen.

Auch weniger gesundes Essen macht schließlich satt. Und die biologischen Folgen sind so, so schleichend, zeigen sich meist erst nach Jahren und Jahrzehnten. Und dann werden sie oft nicht erkannt, weil die Mehrheit betroffen ist und es deshalb als ›normal‹ betrachtet wird.

Im gleichen Sinne können wir natürlich auch auf Märchen verzichten, unseren Kindern Märchen vorenthalten und sie mit ›Fertignahrung‹ abfüttern. Auch die seelischen Mangelerscheinungen werden nicht gleich sichtbar. Und später beim Erwachsenen muss man mit tiefenpsychologischem Aufwand graben, um das verängstigt schluchzende innere Kind aus dem Betonblock herauszumeißeln, in den es zwecks Ruhigstellung gegossen wurde: ein nützliches Mitglied der Gesellschaft. Wem zum Nutzen?

Märchen haben die Energie, diesen Block zu zersetzen. Werden sie deshalb heute gemieden?

Märchen heilen

Auf der organischen Ebene ist es nicht möglich, auch nur einen Entwicklungsschritt auszulassen. Deswegen durchläuft der Fötus alle Stadien der biologischen Genese, vom Einzeller über die Amphibien bis zum *Homo sapiens.* Kommt es dabei zu Störungen, sind Missbildungen die Folge.

Auf der seelischen Ebene ist das nicht anders, nur dass die ›Missbildungen‹ nicht so augenscheinlich sind. In der Entwicklung des Bewusstseins der Menschheit hat es eine Zeit gegeben, wo die Trennung von Subjekt und Objekt, von Ich und Nicht-Ich, noch nicht vollzogen war. Diese Zeit bezeichnen wir als archaisch.

Der archaische Mensch steht auf der Schwelle dieser Bewusstwerdung: Ich. Schmerzhaft ist dieser Schritt, denn er bedeutet ein Herausfallen aus der natur-mütterlichen Geborgenheit, er bedeutet Verantwortung. Und er bedeutet die unerträgliche Entsagung, nach der Entdeckung des Egos und der eitlen Freude daran, fortzuschreiten zum *Alter ego* und zum All-Ego.

Jedes Kind muss in seiner seelischen Entwicklung über diese Schwelle gehen. Die wunderbare Symbiose mit der Mutter zerbricht, zerplatzt wie eine Fruchtblase. Plötzlich sind Püppchen keine Kinder mehr, sondern ausgestopfte Stoffsäckchen; aus Bauklötzen entstehen keine Burgen und Hochhäuser mehr, sondern nur noch Holzhaufen. Dort eine widerstrebende, feindliche Welt – ich hier, so klein. Genau an dieser Schwelle siedeln die Märchen, raunen Richtung und Rat.

Märchen machen Mut, hinaus zu gehen in diese in Scherben zerfallene Welt und die verlorene Einheit des Selbst wiederherzustellen (die goldene Kugel wiederzufinden), das heißt seelisch wachsen: nach diesem schweren Gang beide Sphären zu beherrschen, die Einheit *und* die Zweiheit (Dualität). Wie viele Erwachsene kennen Sie, die mit der Kindheit die Einheit *nicht* für immer verloren haben und *nicht* in der ewigen Spaltung, der Polarisierung der Objektwelt ›versteinert‹ sind – die kurz gesagt in ihren Herzen Kinder geblieben sind?

Märchen leuchten auf diesem geheimnisvollen Weg zwischen den Welten. Darin liegt ihre heilende Kraft. Märchen machen Mut, weil sie die Wirklichkeit hinter den Realitäten ahnen lassen, zeigen – und weil sie die gewöhnlichen zwischenmenschlichen Konflikte, die wir alle kennen und von denen wir viele an eigener Seele durchleiden, als Kind durchlitten haben, nicht nur symbolisch inszenieren, sondern auch archetypische Lösungswege aufzeigen.

Dass das so ist, lässt sich auf einem Märchenseminar leicht vermitteln. Selbst Menschen, die bislang nicht oder kaum mit Märchen in Berührung gekommen sind, werden von den starken Bildsymbolen tief in ihrem Innersten berührt und ihr inneres Kind bricht sein Schweigen, erzählt von seinen Verletzungen und Enttäuschungen, seinen Hoffnungen, atmet tief durch.

Die Begegnung mit dem inneren Kind setzt einen innerseelischen Prozess in Gang, der unterhalb der Bewusstseinsschwelle abläuft und immer nur so viel in unser waches Erleben abgibt, wie ausreichend vorverarbeitet ist. So kann die stille Auseinandersetzung mit einem Märchen eine ganze Weile benötigen. Immer wieder tauchen assoziierte Erinnerungen auf oder es werden spontan seelische Einsichten gewonnen, erfolgen stillschweigende Aussöhnungen oder verstrickten Personen gegenüber diskrete Verhaltensänderungen, die ihrerseits heilende Reaktionen auslösen können.

Dieser Heilungsprozess muss nicht absichtlich stimuliert oder sonst wie intellektuell begleitet oder verfolgt werden. Er wird allein durch die Begegnung mit dem Märchen initiiert und getragen. Man kann ihn aber unterstützen, indem man sich bildhaft, symbolisch, meditativ, kreativ und so weiter mit dem Märchen beschäftigt.

Anders als bei dialogorientierter Therapie ist es auch nicht nötig, diese Vorgänge sprachlich zu analysieren oder über Assoziationsketten tiefer und tiefer ins Unbewusste hineinzuschürfen. Märchentherapie, wenn man den Begriff überhaupt verwenden will, beruht weitgehend auf den Selbstheilungskräften der Seele. Wir begeben uns furchtlos in den Zauberwald, um dort unser inneres Kind zu treffen. Von ihm erfahren wir in der symbolischen Sprache der Bilder, was es erlebt hat und wie es dadurch geprägt wurde. Allein unsere inzwischen hinzugekommene erwachsene Perspektive genügt oft schon, um die Erlösung einzuleiten. Das Märchen selbst trägt dazu bei, weil es moralisch und gerecht ist (das Böse wird drastisch* bestraft) und vor allem: es geht immer gut aus.

* Gerade die drastischen Strafen geben oft Anlass zu der Kritik, Märchen seien grausam. Tatsächlich sind Märchen überhaupt nicht grausam, ganz anders als viele Comics oder Filme, die Kinder statt dessen zu sehen bekommen. Grausam sind im Märchen immer nur die Bösen und die Strafen, die sie bekommen – und das ist uns seelisches Bedürfnis.
Erwachsene bedeuten die Sprache der Seele oft falsch. Eine Ehefrau mag sagen: »Wenn er schnarcht, könnte ich ihn umbringen.« Und die Vorstellung verschafft ihr seelische Erleichterung, wie ein jeder nachvollziehen kann, doch es wird immer beim »könnte« bleiben, denn sie denkt ja ›im Traum‹ nicht daran, es wirklich zu tun.

Solche direkte Erfahrung der seelischen Kraft der Märchen ist das beste, weil an eigener Seele erlebte Argument, warum Märchen für Kinder so wertvolle Entwicklungshelfer sind.

Erwachsene, die ja längst in der Trennung von Subjekt und Objekt leben, müssen sich die Bildsprache der Märchen rational erarbeiten, um sie zurückzugewinnen. Zum Glück ist dieser Prozess genussvoller, als es klingt. Es macht einfach Spaß, in diese Welt einzutauchen, wo nicht nur alles beseelt ist, Tiere, Pflanzen, Steine, Naturkräfte, sondern jeder das auch akzeptiert.

Kinder kennen diese Bildersprache. Sie sprechen sie. Sie verstehen Märchen direkt, weil sie nur die Bilder selbst erleben und nicht die Emotionsketten und Ängste dahinter zelebrieren, die im erwachsenen Hirn an jedem dieser Bilder wie Parasiten hängen. Wenn wir lernen, die Bilder wie Kinder zu erleben, nur das sehen, was zu sehen ist, und nicht hinzutun, an was es uns erinnert, welche Ängste es in uns auslöst, und statt dessen das, was tatsächlich zu sehen ist, in aller Tiefe erleben, dann lernen wir auch, uns von den Parasiten zu befreien, die sich mit ihren geistigen Widerhaken und Saugrüsseln an unserer Seele festgekrallt haben. Wenn dem Jungen in »Von dem Machandelboom« der Kopf abgetrennt wird, dann ›sehen‹ Kinder nur den Rumpf hier und den abgetrennten Kopf da; Erwachsene dagegen ›sehen‹ das Blutgespritze, die ganze Schweinerei, das Durcheinander. Das Märchen meint mit diesem Bild aber gar keine physische Enthauptung.

Märchengeschichte

Früher wurden Märchen durch Erzählen, Weiter- und Weitererzählen verbreitet. Das ist ein langsames, aber sehr lebendiges Medium, weil nichts festgeschrieben ist und jeder Erzähler zum Mitgestalter wird, denn er reagiert auf seine Zuhörer, verändert den Text hier und da und wird immer genau so erzählen, wie es am besten ankommt, also am besten die Bedürfnisse und Erwartungen des Publikums trifft. Deshalb bleiben erzählte Geschichten lebendig.

Mit der Verbreitung des Buchdrucks und damit der Verfügbarkeit preiswerter Bücher erstarb die Erzählkultur. Im 19. Jahrhundert, als es nur noch wenige Menschen gab, die Märchen zu erzählen wussten, machten sich Literaten und Literaturwissenschaftler auf, dieses Volksgut zu sammeln, niederzuschreiben und damit zu konservieren.

Die bekanntesten, weil erfolgreichsten Märchensammler hierzulande sind die Brüder Jacob und Wilhelm Grimm, die sich durch ihre Arbeit so unlösbar mit den Märchen verbunden haben, dass »Grimmsche Märchen« heute ein Synonym für unsere Volksmärchen ist, obwohl die Grimmschen Märchen durch die kreative Feder Wilhelm Grimms oft mehr geprägt sind als durch Volkes Stimme.

Die erste Ausgabe der »Kinder- und Hausmärchen« (KHM) erschien in zwei Bänden 1812 und 1814. Sie enthält rund 200 Texte. Die letzte, von Wilhelm Grimm bearbeitete Ausgabe erschien 1857. Danach sind die Märchen von Generationen nachfolgender Literaturwissenschaftler nur noch emsig katalogisiert und bewahrt. Märchenerzähler werden oft heute noch, 150 Jahre später, gedrillt, die Märchen grimmsch bis aufs Wort zu reproduzieren.

Fraglos wären uns die Märchen längst verloren, hätte es Märchensammler wie die Grimm Brüder nicht gegeben. Allerdings wurden die Märchen mit dem Niederschreiben auch festgeschrieben. Und mit dem Aussterben der Märchenerzähler erstarb auch die Entwicklung der Volksmärchen, weil neue Eindrücke unserer Kultur und Veränderungen der Sprache nicht mehr wiedererzählend in die Märchen einbezogen wurden. Bis heute, zwei Jahrhunderte nach Grimm, lesen wir die Märchen noch in der Sprache, die damals gesprochen wurde, und in diesen Texten kommen Begriffe vor, die heute nur noch, wenn überhaupt, Germanisten und Kulturhistoriker verstehen.

Was zum Beispiel ist ein »verbuttetes« Aschenputtel? Was meinen die Kinder, wenn sie die Köchin eine »alte Sanne« nennen? Was ist eine »Lohhucke«, ein »Malter«, ein »steinerner Christoph«, »Toffeln«, »Hunkepuus«? Was sind »Sternblumen«, »Haulemännerchen« oder »welsche Nüsse« und was bedeutet es, Garn zu »schlittern«, Haare zu »schnatzen« oder zu »strählen«?

Manche Experten vertreten die Meinung, die besondere (altertümliche) Sprache gehöre zum Märchenerlebnis dazu. Ja, ist das so? Dann ist das aber erst neuerdings so, denn ehedem wurden die Märchen in Umgangssprache erzählt. Und ehrlich, welchen Unterschied bedeutet es Ihnen und mir, ob von Sneewittchen oder Schneewitchen erzählt wird? Die Märchen vorlesende Mutter ist aber verlegen, wenn Söhnchen fragt, was denn ein »Hüfthorn« sei. Wissen Sie es?

Märchen sind wahrlich kein Kinderkram, werden aber all zu gerne so behandelt. »Erzähl mir doch bloß keine Märchen!« Warum denn nicht? Kinder, aber selbst Erwachsene, die aus irgendeinem Grund mit Märchen in Berührung kommen, ein Märchen unverfälscht und uninszeniert erzählt bekommen, sind in der Regel fasziniert und tief berührt. Was ist das Faszinierende an und in den Märchen? Was berührt uns da tief drinnen, wo wir so selten wirklich sind?

Vieles, was ursprünglich das Leben bereichert hat, geht im Laufe der Zeit verloren. Wenn wir entdecken, dass es wertvoll ist, müssen wir es neu erwerben. Einsicht und Verständnis helfen uns dabei, mehr noch aber die direkte Erfahrung des Wertes: Märchen können die Seele heilen.

Ich glaube, Märchen sind so ein verlorener Wert, den wir wiedererwerben sollten. Märchen sind Balsam für die Seele. Märchen fördern die seelische Entwicklung von Kindern, und dem Erwachsenen bieten sie Gelegenheit, seinem inneren Kind (wieder) zu begegnen und sich mit ihm auszusöhnen.

Selbstheilung

Warum erzählen sich Menschen Geschichten? Um sich zu unterhalten und sich von ihren Erfahrungen zu berichten. Das ist heute nicht anders als vor zweihundert oder dreitausend Jahren. Und gute Geschichten werden weitererzählt, ausgesponnen, verändert und immer weiter- und weitererzählt. So kristallisiert sich im Lauf der Zeit die Geschichte heraus, die den Nerv der Zuhörer besonders gut trifft.

Mit den Volksmärchen haben wir einen ganzen Kanon solcher Geschichten. Viele dienten und dienen der bloßen Erbauung, einige sind auch nur Sammelgut, das sich eher zufällig im Köcher verfangen hat. Doch der Kern dieses Kanons, die ›großen‹ Märchen sind psycho-pädagogisch und tiefenwirksam, erfüllen beim Zuhörer ein Bedürfnis jenseits des Bewusstseins oder weihen ihn symbolisch in unausgesprochene Zusammenhänge, in Lebensgeheimnisse ein.

Grob lassen sich diese Kernmärchen in drei Gruppen gliedern. Die erste kann mit »Symbiose« übertitelt werden. Ihr Grundmuster ist, dass die natürliche Ordnung bedroht oder beschädigt wird oder ist und im Verlauf des Märchens durch das (meist jüngste) Kind, den Protagonisten des Märchens, wiederhergestellt wird. Märchen dieser Gruppe sind für die jüngsten Kinder, die noch in psycho-emotionaler Symbiose mit der Mutter leben, von vitaler Bedeutung. Das Märchen bestätigt die Tragfähigkeit der Symbiose mit der Mutter als Vertreterin der großen Mutter Natur. Diese Bestätigung gibt dem Kind Sicherheit und Zutrauen. Ein typisches Märchen dieser Kategorie ist »Der Wolf und die sieben jungen Geißlein« (KHM 5), aber auch »Die Bienenkönigin« (KHM 62).

Die zweite Gruppe kann unter dem Stichwort »Autonomie« subsummiert werden. Diese Märchen sprechen schon etwas ältere Kinder an, die sich im Prozess der Lösung von der Mutter, den Eltern befinden. Der Märchenheld, also in der Regel das Kind, der Däumling oder Dummling, muss in die Welt hinausziehen, um sein Glück zu suchen. Dieser Schritt in die Autonomie wird vom Kind durchaus als bedrohlich empfunden. Die liebevolle Mutter, die doch bislang für alles gesorgt hat, wird unvermittelt zur Hexe, die eigene Ziele verfolgt, das Kind fortschickt und gar bedroht. Der eindringlichste Vertreter dieser Kategorie ist »Hänsel und Gretel« (KHM 15).

Es hilft Kindern in ihrer Entwicklung und macht ihnen Mut, beispielhaft im Märchen zu erleben, wie dieser schmerzhafte Schritt in die Autonomie bewältigt werden kann, dass es eine Lösung gibt und dass am Ende alles gut herauskommt. Wenn Kinder das Märchen hören, sind sie vielleicht tief betroffen und äußern auch Ängste zum Beispiel gegenüber der Hexe, doch es ist nicht das Märchen, das ihnen Angst macht, sondern ihre Lebenssituation, die im Märchen gespiegelt ist. Modellhaft und symbolisch können sie am Märchen durchleben und -leiden, was im richtigen Leben unvermeidbar, unausweichlich und (auf der seelischen Ebene) ganz real ist.

Doch Märchen schildern den Schritt in die Autonomie nicht nur als gefährlich. Ein positiver Ausblick auf die weite Welt macht Kinder neugierig und macht ihnen Mut. Solche Märchen schildern quasi die Entschädigung für den Schmerz der Autonomie. »Daumesdick« (KHM 37) zum Beispiel unternimmt einen (erfolgreichen) Ausflug in die Welt und behauptet sich seiner mangelnden Größe zum Trotz, ist am Ende aber noch froh, zurück in den Schoß der Familie (Symbiose) zu finden. Dieses Märchen wäre also zwischen den beiden Kategorien einzuordnen.

Die dritte Gruppe steht im Zeichen der »Einweihung« und ist besonders für Kinder geeignet, die dabei sind, den Märchen zu entwachsen. Hier werden die verschiedenen Probleme und Konflikte des familiären und zwischenmenschlichen Zusammenlebens thematisiert und Lösungswege für all die Verwicklungen aufgezeigt, die sich dem Kind auf seinem Weg ins Leben entgegenstellen können.

Unsere menschlichen Lebensbedingungen haben sich über die Jahrhunderte hinweg geändert und ändern sich ständig, doch die zwischenmenschlichen Probleme sind immer noch die gleichen wie vor Jahrtausenden. Deshalb sind die Märchen inhaltlich bis heute aktuell. In ihnen sind so ziemlich alle Konflikte dargestellt, denen sich ein heranwachsendes Kind in der familiären Gesellschaft vorgestern wie heute und übermorgen gegenübersieht:

Es ist oder fühlt sich unerwünscht oder wird sogar verstoßen, es ist aus einem Seitensprung (oder auf unnatürliche Weise entstanden), wächst bei Stiefeltern (oder in einer Patchwork-Familie) oder bei Fremden auf. Es erfüllt nicht die Erwartungen der Eltern, ist nicht ›normal‹, fühlt sich zurückgesetzt (Dummling), wird oder fühlt sich schlecht behandelt. Die Mutter sieht in der Tochter eine Rivalin. Der Vater sieht im Sohn eine Bedrohung. Bruder und Schwester sind verstrickt. Der Vater missbraucht die Tochter. Der junge Mann muss seine Tierhaut abstreifen und/oder die scheintote junge Frau in ihrem Glassarg wach küssen.

Diese Liste ließe sich fortsetzen. Und zu jedem Punkt dieser Liste kann auch ein Märchen genannt werden. Ein Beispiel für den Missbrauch haben wir im vorliegenden Fall.

Bei einem weiteren Aspekt ist die Kategorisierung »Einweihung« noch treffender und tiefer gehend. Die sexuelle Reifung und die Hinwendung zum anderen Geschlecht müssen bewältigt werden. Die Rolle als Frau beziehungsweise Mann muss gefunden und ausgefüllt werden. Hier sind die Märchen besonders für Mädchen in unserer männlich geprägten Welt eine wertvolle Orientierungshilfe, um die wahre Weiblichkeit zu entdecken, doch auch Jungen bekommen wertvolle Impulse und Hinweise für ihr Frauenbild. Ein typisches Beispiel hierfür ist »Dornröschen« (KHM 50). Das klassische Märchen der männlichen Einweihung ist »Der Eisenhans« (KHM 136).

Die kindliche Entwicklung ist dramatisch, und Märchen sprechen diese dramatische Sprache. Der Handlungsverlauf ist immer geradlinig, die Charaktere ebenso eindeutig. Die Bilder sind so markant, dass wir sie heute wohl gerne als drastisch bezeichnen, aber die Symbolik ist vielschichtig deutbar. Dadurch fügt sich das Märchen bei der seelischen Arbeit weitgehend den subjektiven Bedürfnissen.

Ein Kind erlebt viele Situationen, die traumatisch sind oder sich jedenfalls tief in sein Bewusstsein einbrennen. Mit der Zeit wird das aktuelle Ereignis zwar ›vergessen‹, sinkt also in das Unbewusstsein ein, doch der Ein-Druck besteht fort und wirkt sich, wenn auch unbemerkt, seelisch weiter aus. So entstehen unbewusste Prägungen, die bis ins Erwachsenenalter fortwirken. Im Märchen heißt das Verwünschung, Psychologen sprechen zum Beispiel vom Skript.

Wer als Kind Märchen gehört hat, wird sich an Märchen erinnern, die ihn besonders beeindruckt haben. Doch auch wenn in der Kindheit keine Märchen gehört wurden, wird sich ein Märchen finden, was den versunkenen oder verdrängten Konflikt treffend behandelt, das Skript beschreibt. Das ist der Ansatz der Märchentherapie.

Wenn wir uns als Erwachsene in ein Märchen hineinbegeben, also das Märchen auf uns wirken lassen und seine verschiedenen Aspekte aufblättern, ohne sie zu zerpflücken oder durch Deutung zu entleeren, dann erwacht in uns das Märchenreich wieder zum Leben, das heißt, wir bewegen uns auf der Ebene bildhafter Kommunikation, der symbolischen Sprache der Seele, die dem Traum so sehr verwandt ist.

Auf dieser Ebene können Erinnerungen an kindliche Erlebnisse auftauchen, alte Wunden aufbrechen, Zusammenhänge aufblitzen. Die eingekapselte und im Unbewussten versenkte Energie wird dabei freigesetzt und sucht sich ihre Bahn nach draußen. Im Märchen heißt dieser Vorgang Erlösung.

Fremdenführer durch den Zauberwald

Um als Erwachsener seelische Stärkung aus Märchen zu erfahren, muss man zunächst bereit sein, Märchen ernst zu nehmen, sie nicht schnell abzutun. Unsere Märchen enthalten die kollektiven Erfahrungen unserer nordeuropäischen Kultur, sind das spirituelle, naturweise Erbe, aus dem wir schöpfen können, in dem wir wurzeln.

Wenn wir bereit sind, dem Märchen zu begegnen, müssen wir uns öffnen, was heißt, die Bilderwelt des Märchens (der Seele) in uns zum Sprechen zu bringen. Diese Sprache ist uns vertraut wie eine Muttersprache, die wir aber zu lange in fremdem Land verlernt, vergessen haben. Natürlich kann man die ›Vokabeln‹ dieser Sprache erneut lernen,* doch das genügt nicht, denn diese Sprache ist dem Herzen näher als dem Verstand und durch bloßes Auswendiglernen erschließt sie sich nicht. Es braucht Übung, Gewöhnung, Einfühlung.

Die dreizehn Bände dieser Reihe sind Fremdenführer durch den Zauberwald. Sie vermitteln wie ein Dolmetscher zwischen der Sprache der Märchen und unserer Alltagssprache. Jede Übersetzung ist zu einem gewissen Grad auch Interpretation, doch der gute Übersetzer deutet nur, wo wörtliche Übersetzung nicht möglich ist. Er deutet nichts hinein.

Der Reisegast sammelt seine eigenen Eindrücke auf der Führung und wie er mit dem frem-

* Bonin, Felix von: Kleines Handlexikon zur Märchen-Symbolik. Stuttgart (Kreuz) 2001.

den Land in Berührung kommt, wird es ihm immer vertrauter. Sprachbrocken erschließen sich. Hier und da greift er zum Reiseführer oder Wörterbuch. Und schon bald wird er sich frei genug fühlen, auf eigene Faust tiefer ins fremde, ins mehr und mehr vertraute Holz vorzudringen.

In der Tiefe des Zauberwalds sind wir mit uns und unseren Eindrücken dann allein. Hier können wir uns wirklich und ungestört selbst erfahren. Wir können nach unserem Lebensmärchen forschen, wir können mit unserem inneren Kind sprechen, wir können kreativ mit dem Märchenstoff umgehen und uns einen Zaubermantel daraus schneidern.

Märchen sind wie ein Spiegel. Wir schauen hinein und unser verwunschenes Selbst schaut heraus, fordert uns heraus, auf die Suchwanderung durch den Zauberwald zu gehen und die Erlösung zu suchen:

Zwischenruf

Dass Wilhelm Grimm über ein halbes Jahrhundert hinweg tief und tiefer in den Märchenstoff eingegriffen hat, darauf habe ich an vielen Stellen in den Bänden dieser Reihe hingewiesen. Wie die mündlich überlieferten Märchen von den Grimm Brüdern gesammelt und bei der Niederschrift sprachlich aufgearbeitet wurden, weiß ich nicht, doch die Veränderungen von der ersten Druckausgabe von 1812/14 (davor gibt es einige Märchen in handsdchriftlicher Fassung) bis zur Ausgabe letzter Hand sind leicht zu belegen – und meist auch zu durchschauen.

Wilhelm Grimm trägt die Verantwortung dafür, doch er ist ja auch Kind seiner Zeit. Und der Erfolg ›seiner‹ Version, nämlich genau der Ausgabe letzter Hand, belegt, dass er den Deutschsprechenden mindestens ein Jahrhundert lang aus dem Herzen oder besser aus dem Bauch gesprochen hat. In Umlauf sind heute eigentlich nur noch die »Grimmschen Märchen« in der Fassung von 1857. Frühere Ausgaben oder gar die Erstausgabe der »Kinder- und Hausmärchen« (KHM) sind schwer zu finden.

Die Grimmschen Märchen sprechen den Menschen unserer Zeit aber offensichtlich nicht mehr aus dem Herzen, denn sie geraten zunehmend in Vergessenheit. Ja, es gibt einen Zirkel begeisterter Märchenfreunde – so wie es viele andere Zirkel Begeisterter gibt. Doch gesellschaftlich sind die »Grimmschen Märchen« quasi bedeutungslos.

Noch vor fünfzig Jahren kannte jedes Kind Märchen, die Grimmschen natürlich. Wenn es ein

Buch hatte, was nicht selbstverständlich war, dann war es ein Märchenbuch und wahrscheinlich die »Kinder- und Hausmärchen«. Doch selbst wenn es zuhause keine Märchen vorgelesen oder erzählt bekam, hörte es sie anderswo, zum Beispiel im Kindergarten. Auch im Kindergarten sind Märchen heute eher die Ausnahme.

Ob und warum das ein kultureller Verlust ist – hier soll diese Frage im Raum stehen bleiben, aber wenn es ein Verlust ist, in der Kindheit nicht ausgiebig Märchen zu hören, dann wird sich dieser Mangel in der späteren Entwicklung ausdrücken. Nun sind wir aber so vielen Einflüssen ausgesetzt, dass ein einzelner kein eindeutiges Erscheinungsbild prägt, vielmehr trägt dieser eine Mangel zum gesamten Erscheinungsbild bei. Aber: weil/wenn er beiträgt, kann man im Umkehrschluss annehmen, dass die nachträgliche und zumindest in dem Sinne dann auch therapeutische Begegnung mit Märchen diesen Mangel lindern und damit das gesamte Erscheinungsbild heller stimmen kann.

Dass die Märchen heute nicht mehr ›ankommen‹, liegt meiner Meinung nach zum einen an der besonderen ›Moral der Zeit‹, die bis zur Letztausgabe eingeflossen ist. Das Lebensgefühl seiner Zeit, das Wilhelm Grimm in ›seine‹ Märchen hineinredigiert hat, trifft in heutiger Zeit auf breite Ablehnung. Die Märchen sind insoweit tatsächlich nicht mehr zeitgemäß, weil die fortgesetzte sprachliche (und inhaltliche) Anpassung an gesellschaftliche Veränderung mit der Niederschrift und deren unverändertem Fortdruck erstarb.

Der zweite Grund ist, wie ich meine, die veralterte Sprache, die befremdlich klingt und deshalb oft spontan abgelehnt wird. Manche, nicht selten zentrale Begriffe sind heute nicht mehr bekannt. Volksmärchen müssen aber auch vom Volk verstanden werden. So war es zur Zeit der Märchen und es kann heute anders nicht sein.

Freilich fällt mir auch noch ein dritter Grund ein, doch der liegt im Kommerziellen und seiner Sucht nach Neuem begründet und soll hier nicht weiter erörtert werden.

Diese Reihe blickt hinter die Bilder, die in einzelnen Märchen gezeichnet werden. Die Bilder und ihre Abfolge berühren uns ganz ohne Vermittlung des Verstandes. Doch wo das direkte Empfinden warum auch immer belastet ist, kann die wissende und einfühlsame Betrachtung Schleusen öffnen.

Deshalb ist es nicht egal, wenn Bilder eines Märchens modifiziert, fortgenommen oder hinzugefügt werden. Deshalb sind in den anderen Bänden dieser Reihe meist die Texte der Erstausgabe und der Letztausgabe nebeneinandergestellt und verglichen.

In diesem Fall habe ich den Ablauf auf den Kopf gestellt – deshalb auch diese lange Vorrede: Nachdem die ›Deutung‹ des Märchens konzeptionell vorbereitet war, wurde der Märchentext in oben skizziertem Sinn bearbeitet. Sprachliche Modernisierung ist, wie jede andere ›Übersetzung‹ auch, ohne ein gewisses Maß an Deutung nicht möglich. Das heißt, die neu erstellte Textfassung ist überspitzt gesagt so formuliert, dass sie der Interpretation schon vorab nach dem Munde redet. Die Fassung der Erstausgabe folgt weiter hinten im Buch. Auf die Fassung der populären letzten Ausgabe verzichte ich hier. Sie ist ja auch überall leicht greifbar.

Beim »Mädchen ohne Hände« sind die Änderungen im Text eher verhalten. Nachdem der Teufel schon die Erstausgabe von 1812 besetzt hatte, kamen schließlich noch Engelein und eine »weiße Jungfrau« hinzu. Historisch sind diese Motive interessant, für das Märchen eher nicht.

Beachtenswert sind die Änderungen von der Szene an, wo das Mädchen ohne Hände erneut ›vertrieben‹ wird, jetzt zusammen mit ihrem Kind. Beachtenswert ist auch, dass in der ursprünglichen Fassung das Mädchen ohne Hände den Sohn des Königs heiratet, später aber den König selbst.

Das Mädchen ohne Hände

sprachlich modernisierte und inhaltlich optimierte Fassung

Es war einmal ein Mann, der hatte nichts, als ein einfaches Haus und einen großen fruchtbaren Apfelbaum dahinter. Oft ging er in den Wald Holz sammeln für den Kamin.

Als er wieder einmal Holz sammelte und eine Pause machte, kam ein alter Mann zu ihm, der sprach: »Warum quälst du dich so?«

»Ich bin arm, da muss man sich schinden«, antwortete der Mann.

»Ich mache dich reich«, versprach der Alte, und als der Mann nachfragte, was er dafür wolle, antwortete der Alte: »Verschreib mir dafür, was hinter deinem Haus steht.«

Dem Mann war das nicht ganz geheuer, denn hinter seinem Haus stand ja nur ein Apfelbaum. Den wollte er schon gern hingeben, wenn er dafür reicht würde. Also willigte er ein und der Alte verschwand.

Als der Mann nach Hause kam, sagte seine Frau zu ihm: »Wo bist du gewesen?« Aber der Mann antwortete nur, dass er Holz sammeln war, und die Frau gab sich damit zufrieden.

Am nächsten Tag fragt die Frau den Mann: »Wo kommen all die neuen Sachen her, mit der die Tochter spielt?« Er antwortete aber nur, er wisse es nicht.

Den dritten Tag sprach die Frau den Mann erneut an: »Sage Mann, was geht hier vor? Was ist geschehen, draußen im Wald?«

Da wurde der Mann ganz matt und ruhig und erzählte ihr von dem Alten im Wald, und dass er ihm für den Reichtum verschrieben habe, was hinter der Mühle stehe. Als der Frau nun endlich die Wahrheit aufgedeckt wurde, war sie zutiefst entsetzt, wie Augen, durch die nach langer Finsternis ein greller Lichtblitz zuckt.

»Ach Mann! Ach Mann, das wird schlimm. Der Alte im Wald, war nichts anderes als das Böse in Menschengestalt. Der Teufel war es, und du hast ihm unsere Tochter verschrieben, denn sie hat unter dem Apfelbaum gespielt.«

Als aber das Böse zu ihr kam, sie zu holen, da hatte sich die Tochter rein gewaschen und mit Kreide fein einen Kreis um sich gezogen. Da konnte das Böse sie nicht berühren.

Erregt sprach der Teufel zu dem Mann: »Du, nimm ihr alles Waschwasser weg, dass sie sich nicht mehr waschen und ich Gewalt über sie haben kann.«

Weil das Böse dem Mann große Angst machte, gehorchte er. Als der Teufel aber wieder kam, da hatte das Mädchen auf ihre Hände geweint und sich mit ihren Tränen reingewaschen. Da konnte ihr das Böse abermals nichts anhaben.

Der Teufel geriet völlig außer sich vor Gier. Geifernd befahl er dem Müller: »Ich habe dir den Preis gezahlt, nun will ich auch das Mädchen. Hau ihr die Hände ab, dass ich ihr endlich etwas anhaben kann.«

Der Mann war entsetzt. Er antwortete: »Meiner Tochter! Ich werde doch meinem eigenen lieben Kind die Hände nicht abhauen. Nein, niemals werde ich das tun. Niemals! Niemals.«

»Dann nehme ich dich.«

Da erstarrte der Mann in Todesfurcht, und vor lauter Angst versprach er, alles zu tun. Er ging hin zu seiner Tochter und sprach: »Mein Kind, der Teufel wird mich holen, wenn ich dir nicht beide Hände abhaue. Mir bleibt keine Wahl. Bitte verzeihe mir doch.«

»Vater«, sprach darauf das Mädchen, »du kannst doch mit mir machen, was du willst, denn ich bin ja deine liebe Tochter.« Und dann legte sie ihm ihre beiden Ärmchen hin und ließ sich die Hände abhauen. Sie weinte drei silberne Tränen dabei, die zeigte sie dem Vater aber nicht.

Als nun das Böse zum dritten Mal erschien, hatte das Mädchen ihre Stümpfe mit den drei silbernen Tränen doch wieder reingewaschen. Und da hatte der Teufel alles Recht an ihr für immer und ewig verloren.

Der Mann aber hatte nun viel, viel Geld. Da sagte er: »Du bist meine liebe Tochter. Und ich bin nun reich. Ich werde dir den Himmel auf Erden bereiten.«

Die Tochter sprach: »Hier kann ich nicht bleiben. Ich gehe fort. Mitleidige Menschen werden mir geben, was ich zum Leben brauche.«

Dann ließ sie sich die beiden abgehauenen Hände auf den Rücken binden und zog mit Sonnenaufgang fort. Sie ging und ging und ging. Den ganzen Tag ging sie, bis es Abend wurde. Da kam sie an einen Garten, der war so reich, dass er nur einem König gehören konnte. In der Hecke fand sie einen Durchschlupf, da schlich sie hindurch. Sie fand auch bald einen Apfelbaum, den sie mit ihrem Körper schüttelte, bis Äpfel herabfielen. Die hob sie mit ihren Zähnen auf und aß sie.

Zwei Tage lebte sie so, da kamen am dritten Tag Wächter, die nahmen sie gefangen und sperrten sie ein. Am andern Morgen wurde sie dem Besitzer vorgeführt. Als er ihren Zustand sah, wollte er sie mit Brot und Geld weiterschicken. Sein Sohn aber sprach, warum sie nicht im Haus helfen könne.

So blieb sie also auf dem Anwesen und arbeitete in Küche und Garten, was sie vermochte. Der Sohn traf sich oft mit ihr und sie gewonnen sich bald von Herzen lieb. Und als die Zeit kam, dass er heiraten sollte, da sagte er zu seinen Eltern: »Wir müssen nicht lange suchen, denn ich weiß eine Frau für mich ganz in der Nähe.«

Da wusste der Vater gleich, was das heißen sollte, denn er kannte keine Jungfrau im ganzen Land, die schöner war, als das Mädchen ohne Hände: »Du wirst doch nicht etwa gar die heiraten wollen?«

Keine andere käme infrage, erklärte der Sohn, niemals. Da musste der reiche Mann schließlich seinen Segen dazu geben. Und der Sohn heiratete das Mädchen. Bald darauf starb der reiche Mann. Der Sohn nahm seinen Platz ein und lebte glücklich mit seiner jungen Frau.

Nun musste der reiche Sohn aber einmal auf eine lange Geschäftsreise gehen. Während seiner Abwesenheit brachte seine Frau ein wunderschönes Kind zur Welt, und sie schickte ihrem Gemahl sogleich eine freudige Nachricht. Doch das Böse lauerte noch immer, um ihr zu schaden: Es verfälschte die Nachricht.

Die Nachricht, die der Mann empfing, sagte ihm, seine Frau habe ein missgestaltetes Kind zur Welt gebracht. Wie er den Brief las, war er sehr traurig, doch er schrieb sogleich seinem Verwalter, man solle seine Frau und das Kind bis zu seiner Rückkehr gut versorgen.

Doch das Böse fing auch diese Nachricht ab und veränderte sie. Jagt die Frau mit dem Kind aus dem Haus!; lautete die Anweisung, die der Verwalter erhielt. Da hatte er keine Wahl. Und als die anderen Leute des Anwesens vor Traurigkeit weinten, sagte das Mädchen ohne Hände: »Ich bin nicht hierher gekommen, um Herrin zu werden. Ich habe kein Glück und ich verlange auch keines. Bindet mir nur die Hände auf den Rücken und mein Kind dazu, so will ich denn in die Welt hinausziehen.«

Mit Sonnenaufgang zog sie fort. Sie ging und ging und ging. Den ganzen Tag, bis es Abend wurde. Da kam sie in einen dicken Wald und darin schließlich an einen gemauerten Brunnen. Da saß ein alter Mann, der hatte schon lange auf sie gewartet. Sie setzte sich zu dem Alten und bat ihn: »Halte mir doch bitte mein Kind an die Brust, dass ich es stillen kann.«

Das tat der Alte schweigend. Nachdem aber das Kind zu seinem Recht gekommen war, sprach er: »Da, siehst du den alten Apfelbaum dort? Zu dem geh hin und schlinge deine Stümpfe dreimal um ihn.«

Das Mädchen tat es, und da wuchsen ihr die

Hände wieder an. Der Alte zeigte dann auf eine Wohnung in dem Baum: »Darin lebe und geh nicht hinaus. Und lass auch niemanden ein, es sei denn, er bittet dreimal im Angesicht Gottes darum.« Dann war er verschwunden.

In der Zwischenzeit war nun der reiche Sohn nach Hause gekommen und hatte den Betrug aufgedeckt. Doch was konnte er schon tun! Also machte er sich in Begleitung seines besten Freundes auf. Sie befuhren alle sieben Weltmeere und bereisten alle sieben Erdteile. Überall fragten sie nach dem Mädchen ohne Hände, doch niemand hatte es gesehen. Schließlich nach langer, mühsamer Reise gelangten sie gerade in den Wald, wo das Mädchen wohnte, und verirrten sich darin.

Als es schon dunkel wurde und sie alle Hoffnung aufgegeben hatten, entdeckte der Freund einen entfernten Lichtschein. »Nein, ich will nicht rasten und weiter nach meiner geliebten Frau suchen, eher habe ich doch keine Ruhe«, sagte der reiche Sohn, doch sein Freund klagte ihm so über Müdigkeit, dass er aus Mitleid einwilligte.

Wie sie zu dem Apfelbaum kamen, schien der volle Mond und die junge Mutter stand am Fenster. »Das könnte deine Frau sein, so gleicht sie ihr«, sprach der Freund. »Doch sie kann es nicht sein, denn sie hat ja Hände.«

Dann wandte er sich der jungen Mutter zu und bat sie um Unterkunft für die Nacht. Doch sie sagte, sie könne sie nicht einlassen und er solle weitergehen und ein anderes Nachtlager suchen. Da trat der Reiche selbst hinzu: »Lasst mich ein, um Gotteswillen!«

Die Frau war berührt, doch noch nicht erlöst. Sie sah ihren Mann voller Liebe an und ihre Augen flehten, doch ihre Lippen bleiben versiegelt.

»Lasst mich ein, um Gotteswillen«, flehte der Mann. »Um Gotteswillen, lasst mich ein.«

Da hatte er es tatsächlich dreimal gesagt und sie öffnete die Tür einen Spalt nur, doch das Söhnlein sprang sogleich hinaus zu dem Mann und führte ihn zur Mutter ins Haus. Da erkannte er sie als seine geliebte Frau. Und nahm sein Söhnchen auf den Arm und ging mit ihnen heim auf ihr Anwesen.

Da freuten sich alle Leute, und das Mädchen war nun eine Frau und hatte ein schönes Kind und einen Mann, der seine Liebe bewiesen hatte, um sie zu gewinnen. So lebten sie also innig vereint ein schönes langes Leben. Und sie leben, weil wir ihre Geschichte kennen, fort in uns, auf immer und ewig.

Overtüre

Diese Eröffnungsszene ist es, um die ich gerade dieses Märchen als Meisterwerk seiner Gattung bewundere.

Doch was geht da tatsächlich vor, im Wald? In der Pause. Diese Szene spielt so geschickt mit der Konstellation der Figuren und dem Reichtum der Symbole, dass vielfältige Projektionsflächen geboten werden. Wirklich ausgesprochen wird nichts, nur angesprochen.

Und mehr noch, dieses Märchen stellt ein einzigartiges Symbol in den Mittelpunkt, das zu einer Zeit geschaffen wurde, die den wissenschaftlichen Hintergrund dieses Bildes noch nicht kennen konnte; eine hohe intuitive Leistung also.

Der erste Teil dieses Märchens, bis das Mädchen ohne Hände von Zuhause fort geht, ist *par excellence* was ich meine, wenn ich vom Spiegel spreche, der Märchen sein können. Ein guter Spiegel zeichnet sich dadurch aus, dass er alles oder fast alles reflektiert, aus jeder Perspektive.

Abb. links: Albrecht Dürer: Betende Hände

Mann und Frau

Bevor wir die Eingangsszene unter die Lupe nehmen, betrachten wir zunächst diesen Mann. Bei Grimm ein »Müller«. Warum ausgerechnet ein Müller, habe ich an anderer Stelle* ausführlich diskutiert. Und hier wie dort arm muss der Müller sein, um zu betonen, dass er seine negativen Anlagen lebt.

Nun ist der Beruf des Müllers längst aus unserem Landschaftsbild, aber auch aus dem öffentlichen Bewusstsein verschwunden, gibt es ihn doch nur noch industriell. Wen kümmert schon, woher das Mehl im Supermarkt kommt?

Wir können in diesem Märchen aber leicht auf eine Berufsangabe verzichten, weil diese erste Szene »den Mann« markant zeichnet. Er besitzt nichts außer einem einfachen Haus und einem Apfelbaum dahinter.

Tochter und Mutter werden erst erwähnt, wenn die Erzählung es erfordert, was zeigt, dass sie für den Mann direkt nichts bedeuten. Sie haben keinen besonderen »Wert« für ihn. Die Frau besorgt ihm den Haushalt, eine preiswerte Arbeitskraft. Die Tochter ist eher eine Belastung, weil ein Sohn wenigstens hätte mit anfassen können. Aber eine Tochter. Doch nun bietet sich ja eine gute Gelegenheit der Wertschöpfung.

In der ursprünglichen Grimmschen Fassung läuft das sehr direkt ab: Der Alte macht ein Angebot und der Mann nimmt es an, wobei er sich eine Ausrede zurechtlegt.

*»Rumpelstilzchen«, Band 13 dieser Reihe

Die Erzählerin – es waren ja hauptsächlich Frauen, von denen die Märchen über Jahrhunderte mündlich tradiert wurden – interessiert die Situation des Mannes nicht, sie macht nicht einmal eine Andeutung, warum er so handelt.

Der Mann ist arm. Er hat ein schlichtes Haus und den Apfelbaum. Er ist nicht fähig, diesem Apfelbaum zu huldigen. *Das* ist seine Armut. Er ist bereit, ihn zu verhökern. Der Apfelbaum ist Sinnbild des Lebens und der Fruchtbarkeit, des nährenden Aspekts der großen Mutter. In Russland nennen sie ihn auch »Mütterchen«.

Es ist das Bild der Dualität: das Haus, der Baum; Kultur, Natur; Ordnung, Kreativität; Yang, Yin. Der Mann repräsentiert das Haus, er ist Herr im Hause. Doch seine Armut macht ihn zu einem kleinen Herrn. Und sein Hofstaat, beschränkt er sich schon auf zwei Leibeigene, nämlich die Mutter und die Tochter, ist ihm eine finanzielle Last.

Dieser Mann ist unfähig, die Lebensenergie des Apfelbaums in sein Haus einströmen zu lassen. Er weiß noch nicht um dieses Geheimnis des Reichtums. Er ist ein Repräsentant des in naher Zukunft auslaufenden Modells Mann, der mit Gewalt versucht, es aus »der Frau« herauszupressen, indem er sie...

Genau, doch wo fängt der Missbrauch an. Haben »die Frauen« selbst Schuld, wenn sie von »der Werbung« und »den Medien« missbraucht werden, weil sich »Verräterinnen« dafür bezahlen lassen? Prostitution.

Dieser Mann ist jedenfalls bereit, das Weibliche zum Handelsobjekt zu machen. Dieses Bild, dass er den Apfelbaum verkauft, deutet es an. Und tatsächlich verkauft er ja auch das Weibliche in Gestalt seiner Tochter, wie sich später herausstellt. Der Apfelbaum und die Tochter sind eins. Und der Mann (und Vater) weiß auch ganz genau, was er tut. Der belügt sich nur selbst und das Märchen verklausuliert und verhüllt seine Täterschaft. Ich erinnere daran, dass es Frauen waren, von denen die Märchen erzählend entwikkelt wurden, weil dieses Verdrängen eine typische Reaktion betroffener Mütter ist. Sie wollen es einfach nicht wahr haben. Oder sie können nicht, weil sie es nicht ertragen könnten. Sie belügen sich. Sie schauen weg bzw. nehmen nicht wahr, was sie sehen. Lange oft muss ein Kind Missbrauch erleiden, bis die Mutter nicht mehr nichtsehen kann.

Die Frau und Mutter die Tat in diesem Märchen sofort entdecken zu lassen, ist deshalb ebenso eine weibliche Verdrängung der Erzählerinnen. Tatsächlich hat die Frau hier keine andere Funktion, als den Sachverhalt zu klären, dass der Alte der Teufel sei und seine Absichten somit böse und auf die Tochter gerichtet. Was der alte Teufel von dem jungen Ding will, wird auch ganz deutlich ausgesprochen: Er will »Gewalt über sie haben«, »ihr was anhaben«. Was wohl? Die Rolle der Mutter ist ausgeklammer.

Die abgehauenen Hände

Unerwartet tritt »ein alter Mann« heran, bietet ein Geschäft an. Reich will er den Armen machen, wenn er Gewalt über das ›Apfelbäumchen‹ bekommt, um ihm etwas anzutun. Als Kind habe ich gedacht, der Teufel wird den Apfelbaum fäll und fortschaffen, denn was nützt er ihm hinter des Müllers Haus. Und genau das tut der Alte ja, er hackt dem Mädchen ›die Hände‹ ab.

Halt, nein, der Teufel hackt dem Mädchen die Hände ja nicht selbst ab, er ›zwingt‹ den Mann, »seinem lieben Kind« (1812) die Hände abzuhauen. Weil der Vater eindeutig der Täter ist, müssen wir den Alten im Wald oder Teufel als seinen abgespaltenen Seelenanteil sehen. Der Teufel als Symbol für das Böse ist der Schatten des Vaters, der draußen im Wald über ihn kommt und ihn treibt, seinem eigenen lieben Kind die Hände abzuhauen.

Missbrauch ist Seelenmord. Die Seele wird entwurzelt wie ein junger Baum. Das Märchen beschreibt die Tat nicht. Was würde auch gewonnen? Diese Tat ist unbeschreiblich, weil die Folgen unbeschreiblich sind. Das Märchen findet das Symbol dafür: die abgehauen Hände.

Was heißt es, der Teufel wolle Gewalt über das Mädchen haben? Was soll er mit dem Mädchen anstellen? Und der alte Mann im Wald? Ja, vielleicht hat der Mann seine kleine Tochter einem alten Lüstling verhökert. Auch das, so wissen wir, ist noch heute Alltag – nicht nur anderswo. Nein, es schält sich eindeutig heraus, dass hier der eigene Vater nach der Unschuld der Tochter greift. Frühere Versionen dieses Stoffs sprechen direkt an, dass der Vater die Tochter begehrt, so wie in »Allerleirauh« (KHM 65), wo sich der lüsterne König auch eine Erklärung zurechtlegt, die ihn als in Not Handelnden darstellt.

Allerleirauh kommt besser davon als das Mädchen ohne Hände. Mit dem Rauhmäntelchen und der Rolle des Aschenputtels, das durch den Königssohn erhoben wird und darin Gerechtigkeit findet, ist Allerleirauh einfach gefälliger. »Rauh« und »Allerleirauh« sind auch beliebte Metaphern, wenn es um betroffene oder gefährdete kleine Mädchen geht.

Abgehauene Hände – das will man Kindern nicht zumuten. Solche Bilder sind der feinen und besorgten Kinderstube zu drastisch. »Das Mädchen ohne Hände« ist deshalb wenig bekannt.

Doch nicht nur das Märchen findet zu diesem ›unzumutbaren‹ Symbol der abgehackten Hände. Nach einem Missbrauch ist die kindliche Seele durch Schuldabsorption versiegelt. Ein so einfaches wie beliebtes Mittel ist, Kinder malen zu lassen. Diese Form der Kommunikation wird erforscht, und so weiß man, dass sich missbrauchte Kinder oft ohne Hände darstellen.

Wie gehen wir um mit diesem Symbol? Warum abgehauene Hände? In den Märchen begegnen uns viele drastische Symbole. Dem Wolf wird der Bauch aufgeschnitten, die Hexe in den Backofen gestoßen, die Stiefmutter muss in glühenden Pantoffeln tanzen und so fort. Wenn sich das Drastische gegen die Bösen richtet, sind wir noch bereit, das hinzunehmen, aber der Protagonist, der Held (also das innere Kind, man selbst) darf nicht mit drastischen Bilder in Berührung kommen.

Dem Jungen in »Von dem Machandelboom« (KHM 47)* wird der Kopf abgehauen. Eine hochdeutsche Version des Märchens wird nicht verbreitet, das Märchen ist fast unbekannt.

Natürlich sitzt der Kopf am Ende der ›schamanischen‹ Reise, die das Märchen beschreibt, wieder auf dem Hals des Knaben, der nun initiiert ist und ganz nebenbei seine Familie erlöst hat. Doch das wird leichtfüßig übergangen. Der abgehauene Kopf ist eben nicht zumutbar. Jedenfalls ist das die Perspektive immer besorgter Eltern. Sie sehen das spritzende Blut, die ganze Schweinerei, das Geschrei, die Panik, die Scherereien, die Nachbarn. Ein Kind sieht das alles nicht. Es sieht hier einen Rumpf und dort einen Kopf, abgetrennt wie ein Kohlkopf. Und so sieht es die Seele auch. Und wenn das Kind auf diesem Bildsymbol eine Phantasie entwickelt, dann wie es sich wohl anfühlt, da als Kopf herumzuliegen und der (leblose) Körper liegt dort, irgendwo anders. Waren sie schon einmal außer sich?

Genau darum geht es dem Märchen, diesen Zustand gefühlsmäßig zu vermitteln, im ›Kopf zu sein‹ und den Körper dort liegen zu sehen. Davon berichten auch Personen, die dem Tod sehr nahe waren, und andere, die wie und warum auch

*vgl. dazu meinen Beitrag in Felix von Bonin (Hrsg.): Schamanismus und Märchen. Param 2003, p. 31 ff.

immer mit ihrem Bewusstsein außerhalb des Körpers waren.

Auch bei diesem Märchen geht es nicht um die Frage, wie das Mädchen mit dem Blutverlust an den Stümpfen umgeht und wie die großen Wunden medizinisch versorgt werden müssen. Es geht darum, der Seele zu vermitteln, wie man sich ohne Hände fühlt. Handlungsunfähig. Hilflos. Ausgeliefert. Und vor allem erniedrigt. Gedemütigt.

Niemand regt sich über abgehauene Hände in einem Kinofilm auf. Und wer kümmert sich darum, wenn das Kinder ansehen. Diese Hände hier werden nicht der Sensation wegen abgehauen, sie werden auch »gar nicht richtig« abgehauen. Sie werden bildlich abgehauen. Die abgehauenen Hände symbolisieren den seelischen Zustand eines missbrauchten Kindes. Gibt es ein Bild, das dafür zu drastisch wäre? Doch die vielen, die nicht verstehen, reagieren lieber hysterisch, als sich zu öffnen.

Vater. Mann. Gehe hin und hau deiner Tochter die Hände ab. Aber der liebe Vati redet sich ein, das wäre doch alles nicht so schlimm. Er hätte seine süße kleine Tochter doch ganz lieb. Nicht wahr, Vati?

Warum fragt dieses Märchen nicht danach, was einen Mann, was den Mann dahin bringt, eine solche Tat zu begehen. Nur weil es von Frauen erzählt wurde?

Ein betroffenes Kind wird sofort verstehen, was die abgehauenen Hände bedeuten. Es kennt das ja. Und darum geht es, dieses Erkennen. Das Kind fühlt an diesem Symbol, dass seine Lage verstanden wird. Seine Seele ist tief verletzt, deshalb ist es extrem misstrauisch. Es beißt sogar schnell in die Hand, die helfen will, wenn sie ungeschickt geführt wird.

Das Märchen schafft zunächst Vertrauen. Es will sich ja nicht nur über die männliche Tat verbreiten, es will einen Lösungsweg aufzeigen, eine hoffnungsvolle Vision zeichnen. Die abgehauenen Hände können wieder anwachsen. Aber es ist ein schmerzensreicher Weg für das Mädchen und ein Mann muss sich finden, der ›das Kreuz auf sich nimmt‹. Dann kann der alte Mann wiedergutmachen, was er angerichtet.

Die Tat

Betrachten wir den alten Teufel und den Müller (Mann) als eine Person, so ist die Begegnung im Wald die Illustration des inneren Gesprächs seines Gewissens. Dieses Gespräch läuft sehr einfach ab. Den Mann überkommt sein Schatten *in persona* des Alten, das ist das Böse. Es macht ein verführerisches Angebot, und der Mann lässt sich verführen. Um den Missbrauch zu bemänteln, stellt sich der Mann als Opfer dar, das so handeln muss.

Das Kind kann in dieser Konstellation nur passiv reagieren. Der letztlich physischen Gewalt des Erwachsenen kann es nichts entgegenstellen, der psychischen Gewalt auch nicht. Das Kind kann sich nur schützen, indem es ›rein‹ bleibt. Im Märchen tut es das durch den magischen Kreis und das Waschen der Hände. Reine Hände bedeuten saubere Taten.

Was heißt das aber, rein bleiben? Drehen wir die Frage um: Was ›verunreinigt‹ oder ›beschmutzt‹ die Seele? Schlechte Handlungen, Sünden, letztlich Schuld. Wenn »Das Mädchen ohne Hände« dem betroffenen Kind sagt: bleibe rein; dann meint es damit, lass dich nicht in die Schuld verwickeln.

Die Täter verletzen ja nicht nur die Integrität der kindlichen Persönlichkeit, sie verwickeln ihr hilfloses Opfer in Schuldprojektionen, um es in die Komplizenschaft zu treiben. In der Phantasie des Täters dreht sich dabei schnell die Verantwortung um. Dann hat sich ihm die kleine Lolita geradezu aufgedrängt und er ist eben schwach geworden. Oder wie die konstruierten Geschichten immer laufen. Mindestens eine Erklärung von dümmlich bis spitzfindig haben die feinen Herren immer.

Doch warum vergreift sich ein Vater an seinem eigenen Kind? Ja, wir müssen diese Frage stellen, um nach und nach eine Gesellschaft heranbilden zu können, die Männer nicht mehr in eine Situation kommen lässt, dass sie meinen, sich bei ihrer Tochter oder ihrem Sohn holen zu können, was sie zu brauchen glauben. Ein solches Verhalten ist nicht ›normal‹. Und ob man es nun als kriminell oder krankhaft einstufen will, wenn man es ›normalisieren‹ will, dann muss man die Ursachen beseitigen, die zu diesem Verhalten führen. Ist unsere Gesellschaft dazu bereit?

Doch Märchen fragen nicht nach dem Schicksal der Eltern (Vergangenheit), sondern immer nur nach dem der Kinder (Zukunft). Und das Kind erlebt sich nicht nur als unterlegen, es sieht sich auch (noch) als integralen Bestandteil des Vaters, als einen Teil von ihm, über den ›er‹ verfügen kann.

Kinder opfern sich in vielen Situationen seelisch auf, um die Familie, also zum Beispiel die Beziehung ihrer Eltern, zu stabilisieren. Sie übernehmen große Verantwortung, setzen sich für Bedürftige selbstlos ein und übernehmen bereitwillig Schuldgefühle.

Deshalb erkennt das Mädchen auch den Besitzanspruch an, indem es sich grenzenlos öffnet: »Du kannst doch mit mir machen, was du willst, denn ich bin ja deine liebe Tochter.«

Das ist der Ausdruck bedingungsloser Liebe, die das Kind dem Vater zuwendet. Dem Bösen (im Vater) setzt das Kind seine Reinheit entgegen. Diese Reinheit, die seelische Unversehrtheit, ist das unbedingt höchste Ziel. Wenn der Körper Schaden nimmt, ist das meist zu regenerieren. Die Seele zu schützen, hat absoluten Vorrang – jedenfalls in der Anderswelt, im Märchen. Bevor die Seele unrein wird, wird lieber die körperliche Unversehrtheit aufgegeben, denn da ist ein höheres Wissen in der Seele, dass es einen neuen Körper geben wird. So lässt sich die reine Seele auch nicht durch Angst beugen, weil sie um ihre Unzerstörbarkeit weiß. Der Seele droht nur eine einzige Gefahr: Ihre Unschuld, ihre Reinheit zu verlieren. Deshalb wehrt sich die reine Seele , und der Versucher erhöht den Druck. Das zerstörerische im Männlichen nimmt dem Kind alles (weibliche) Wasser. Doch das gibt seine Reinheit nicht preis und wäscht sich mit seinen Tränen die Hände rein. Ein Mensch, nicht nur ein Kind, das einem Täter hilflos ausgeliefert ist, weint. Nur ein kaltes Herz kann Tränen ignorieren.

Nun ist es geschehen. Auch die stillen Tränen des reglos wie gelähmten Opfers konnten die Lüsternheit nicht dämmen. Nun hat er es getan, der Papa. Nun hat er seiner geliebten Tochter die Hände abgehauen. Da kann sie gerade noch auf die Stümpfe weinen, um rein zu bleiben und dem Bösen zu entgehen. Immerhin!

Weine auf deine Stümpfe Mädchen und lass die Schuldgedanken los. Was ist Schuld im Leben? Wer ist was schuld? Schuld und Sühne ist ein zwieschneidiges Konzept. Aber im menschlichen, gesellschaftlichen Leben gibt es ein sicheres Konzept: Verantwortung. Jeder trägt Verantwortung für sein Handeln. Betrachte deine Handlungen und bedenke deine Verantwortung. Das ist es. Aus. Betrachte die Handlungen des Täters und bedenke seine Verantwortung. Nichts weiter.

Vielleicht bleibt dann noch der Schmerz, dass nicht jeder auch zu der Verantwortung gezogen wird, die er trägt, jedenfalls nicht nach Menschenrecht. Da hilft dann nur der Glaube an eine höhere Gerechtigkeit – vielleicht auch die Gewissheit.

Ob der Missbrauch nun ein Kind trifft oder eine erwachsenen Frau, die Tat ist so unakzeptabel, dass ich nicht differenzieren mag und sagen, der Missbrauch an einem Kind sei weniger schwerwiegend als der an einem Baby. Missbrauch ist Missbrauch und zeigt eine egoistische Gesinnung, die herausgefordert und zur Rede gestellt werden muss. Da kann man nicht sagen, der Missbrauch an einer Frau ist weniger schwerwiegend als der an einem Kind. Aber eine männlich dominierte Gesellschaft folgt der Männlichen ›Logik‹, die Missbrauchte zum Komplizen zu machen und ihr die Schuld aufzuladen: Das Flittchen hat es doch drauf angelegt.

»Mein Kind, der Teufel wird mich holen, wenn ich dir nicht beide Hände abhaue«, weiß es der Mann im Märchen zu drehen. In der Alltagswelt heißt das übersetzt vielleicht: »Wenn du mich verrätst, dann komme ich ins Gefängnis und dann habt ihr kein Geld mehr und du kommst in ein Heim.«

Die Entdeckung

Warum kommt die Entdeckung der Schandtat in diesem Märchen so kurz? Der Müller geht (1812) nur nach Hause, da hat seine Frau die Veränderung auch schon bemerkt und stellt ihn zur Rede. Der Weg des Mannes vom Tatort Wald ins eheliche Heim zurück ist nur eine sehr schwache Metapher für die oft lange Zeit des Wegsehens, Schweigens, Duldens.

Gewöhnlich ist es wohl so, dass die Mutter erst nach und nach stutzig wird. Es geht so ihrem Denken entgegen, dass eine gewisse Tendenz, mehr oder weniger deutliche Anzeichen auszublenden, ganz natürlich ist. Es gibt aber auch einen Punkt, wo Frauen, Mütter erkennen müssten, was vor sich geht, und aus Scham, Angst oder Dummheit wegschauen. In diesem Märchen ist die Situation genau gelesen noch viel ärger, denn die Mutter weiß ja bereits von der Tat, bevor sie geschieht. Und sie greift nicht ein. Nachdem sie die Schandtat aufgedeckt hat, verschwindet sie einfach nur spurlos von der Bildfläche, um nie wieder aufzutauchen. Das Mädchen ist ganz allein mit sich und seinem ›Vater‹.

Weil die Mutter die Schandtat bereits entdeckt hat, bevor sie geschehen ist, muss sie hinterher auch nicht mehr aufgedeckt werden. Das merkwürdige Knäuel von Beziehungen und Handlungsfäden ist im Detail allerorten unlogisch, vermittelt dem Erwachsenen in der Gesamtschau dennoch ein eindeutiges Bild. Das Kind, das so viele Aspekte nicht verknüpft denken kann sieht nur Momentaufnahmen, ohne den Schrecken der Gesamtschau erkennen zu müssen. Es ist wie wenn erwachsene ein Wort buchstabieren, damit ein mithörendes Kind es nicht versteht.

Schließlich gibt es viele Möglichkeiten, wie das Martyrium für das Opfer beendet werden kann. Es ist nicht wichtig, wie es beendet wird, nur dass. Sogleich stellt sich die Frage: Und nun?

Der Vater drängt sich auf, will sich mit Geld und Gut reinwaschen, seine Tat ungeschehen machen.

Aber nichts kann ungeschehen gemacht werden, was einmal getan wurde. Wir können nur mit den Folgen weiterleben. Vielleicht können wir sie bald, vielleicht nach und nach kompensieren, aber diese Tat wird diesen Mann begleiten mindestens bis ans Sterbebett. Die Wunde, die hier geschnitten wurde, kann heilen, wie dieses Märchen zeigt, doch es ist ein schmerzensreicher Weg und eine Narbe wird immer bleiben.

Das Mädchen, das ohne Hände ist, weil es seine Seele nicht verunreinigen wollte, lässt sich nicht vom Glanz der Dinge verlocken, es, das brutal wie durch einen Dolchstoß zur Sie wurde – sie weiß: »Hier kann ich nicht bleiben.«

Der außenstehende Beobachter mag denken, es ist entdeckt, die Schandtat ist beendet, nun ist das Kind, die junge Frau, die niemals Jungfrau wird sein können, erlöst. Aber ach! Hier endet lediglich das öffentliche Interesse, wie es sich in Medien ausdrückt. Und das Märchen macht es ganz deutlich und gibt keine Möglichkeit zu vertuschen, wegzusehen: Das Mädchen lässt sich die abgehauenen Hände auf den Rücken binden. So gekennzeichnet geht sie fort von dem Ort der Tat, hinaus in ein Leben ohne Hände, angewiesen auf »mitleidige Menschen«.

Mit dieser Szene endet die Exposition der Notsituation, wenn wir dem dreiteiligen Schema folgen, das gerade auch bei diesem Märchen sehr ausgewogen eingehalten ist. Mit wenigen Strichen, aber genau wie eine chinesische Tuschezeichnung, erzählerisch fein gesponnen, verwirrend und vielsagend wie ein Koan.

Ein Los tragen

Dieses Bild des Mädchens, dem die abgehauenen Hände auf den Rücken gebunden sind und das so ins Leben zieht, summiert die Notsituation und markiert den Beginn der Suchwanderung. »Die beiden abgehauenen Hände ließ sie sich auf den Rücken binden«, lesen wir in der Erstausgabe und einmal mehr muss auf eine scheinbar unbedeutende Veränderung hingewiesen werden, wenn es in der Letztausgabe von 1957 heißt, sie ließ sich »die verstümmelten Arme auf den Rücken binden«.

Warum soll sich das Mädchen die Arme auf den Rücken schnallen lassen? Damit sie nicht lose herumbaumeln? Wenn die Arme auf den Rücken gebunden sind, dann kann sie ja gar nicht mehr handeln. Wie kommt Wilhelm Grimm zu dieser Änderung? Mit den Armstümpfen kann sie doch noch wirken, etwa wie ein Tier, das ja auch keine Hände hat. Sie fühlt sich doch auch mit einem Tier auf eine Stufe gestellt.

Der Lebensweg dieses Mädchens ist damit belastet, dass es nicht *hand*lungsfähig ist. Weil es sich um die ›seelischen Hände‹ handelt, bedeutet dies, das Mädchen beziehungsweise die junge Frau wird in allen Lebenssituationen, in denen sie jemandem gegenübersteht, der ihr überlegen ist (Vaterfigur), wie gelähmt sein und bereit, jede Schuldprojektion anzunehmen, sie ja geradezu herausfordern.

Umgekehrt wird sie in jedem Mann einen potentiellen Täter sehen, eine Reflexion des Vaters.

Das heißt, das Opfer ist durch die Schadtat so tiefgreifend auf das schädliche Verhaltensmuster konditioniert, dass es unbewusst immer wieder solche Konstellationen herbeiführen oder Situationen so deuten wird, dass sie diesem Muster entsprechen. So schädigt sich das Opfer fortgesetzt selbst, einfach durch die verankerte ›Programmierung‹, der es sich nicht bewusst ist. Es ist darauf angewiesen, dass »barmherzige Menschen« diesen Teufelskreis durchbrechen und ein edler Mann das Kreuz auf sich nimmt, eine Frau ohne Hände zu heiraten.

Schwere Last tragen wir auf dem Rücken. Dann gehen wir gebückt, müssen den Rücken krumm machen. Krumm machen müssen wir auch den Rücken vor der Übermacht, dem Gewalttätigen. Der lädt uns dann schwere Lasten auf, damit wir ihm nützlich sind. Gebückt geht der Unterlegene, der Schwache, der ausgebeutete. Die Mächtigen, die Ausbeuter gehen aufrecht mit stolz geschwellter Brust. Doch das kann nur, wer zulässt, dass sein Herz erkaltet.

Weil der krumme Buckel wie eine Strafe ist, liegt es auch nahe, als Strafe eins über den Buckel zu ziehen, dem als schuldig Erkannten, fünfzig Peitschenhiebe »aufzuladen«. Auch Schuld liegt einem wie eine schwere Last auf dem Rücken. Jesus musste das schwere Holzkreuz, an das er schließlich genagelt wurde, auf dem Rücken zum Richtplatz schleppen. So wird die auf dem Rücken getragene Last auch zum Bild der Buße, der Austreibung und der Erlösung.

Die Last auf dem Rücken ist aber auch Kennzeichen. Sie sagt, von welchem Stand der Träger der Last ist, wessen er sich schuldig gemacht hat, welche Last ihm vom Leben auferlegt wurde. Wenn sich das Mädchen die abgehauenen Hände auf den Rücken binden lässt, dann nimmt sie zum einen diese Last auf sich, was sonst bleibt ihr auch. Zum anderen zeigt sie aller Welt, welche Last sie da trägt. Sie versteckt nicht und bemäntelt nicht. Sie geht mit der unverlangt aufgeladenen Last hinaus ins Leben, was sonst soll ein junger Mensch auch tun. Und sie ist voller Zuversicht und Lebensmut wenn sie spricht: »Mitleidige Menschen werden mir geben, was ich zum Leben brauche.«

Diese Zuversicht wird sie brauchen. Oft ist es gut im Leben, dass wir nicht wissen, was auf uns zukommt. Oft sagen Menschen im Rückblick, hätte ich damals gewusst..., dann hätte ich nie... Lange wird das Mädchen die Hände auf dem Rücken tragen müssen. Sie wird Demütigungen ertragen müssen und Zurücksetzungen. Sie wird sich bescheiden müssen, sich einsam fühlen. Und mit ihrer inneren Wunde wird sie auch allein sein.

Und wenn sie einen jungen Mann findet, der sie zur Frau nimmt, dann wiederholt sich das Muster geradezu zwangsläufig und schließlich zieht sie weiter ins Leben und hat nicht nur die Hände auf den Rücken gebunden, sondern ein Kind noch dazu.

Doch zunächst tritt das Mädchen ohne Hände ins Leben.

Der Garten

Einer, der fortgeht, voranschreitet, muss immer erst eine Weile gehen, bis er eine, seine Spur aufnehmen kann. Das Mädchen ohne Hände muss einen ganzen symbolischen Tag lang gehen und gehen, bis sie auf das geordnete, ordentliche, normale Leben in Form eines Gartens trifft. Das elterliche Haus mit dem verratenen Apfelbaum dahinter und dem dunklen Wald drumherum versinkt Schritt für Schritt ins Vergessen.

Garten ist Beweis von Kultur. Das dem Männlichen immanente Ordnungsprinzip bemächtigt sich der natürlichen Abläufe, macht sich »die Erde Untertan«, um den Ertrag zu vergrößern, das heißt, mit immer weniger Arbeit immer mehr Schätze aus der Natur herauszupumpen. Das versteift sich bis heute ins Prinzip der unbedingten Gewinnmaximierung, das unsere Gesellschaft so umfassend ergriffen hat.

Dieser, der Natur abgerungene künstliche Raum muss gehegt und gepflegt werden. Das Wort Gehege kommt von der Hage oder Hecke, die es umgrenzt und schützt. Auch Garten meint das Umzäunte, Behütete Land (vgl. engl. *gard:* Schutz). Das Ordnungsprinzip muss den kultivierten Raum fortgesetzt gegen die natürliche (weibliche) Entropie schützen.

Schützt der gehegte Raum zunächst nur gegen die Entropie der Mutter Natur, wird er für die Ordnungsmacht interessant durch seine Bewohner, die sie (gewöhnlich ungefragt) unter ihren

Schutz stellt – und dafür erwartet, dass man sich ihm freiwillig unterwirft.

Das Mädchen ohne Hände ist schlau genug, um einen Durchschlupf in der Hecke zu finden und sich Zugang zu verschaffen in »einen Garten, der war so reich, dass er nur einem König gehören konnte«. Wie eine Diebin schleicht sich das geschändete Mädchen in ein kultiviertes gesellschaftliches Leben ein, sich ihrer selbst durch die ›Behinderung‹ immer bewusst, die abgehauenen Hände, die sie auf dem Buckel schleppt.

Schnell findet sie in diesem königlichen Garten einen Apfelbaum. Der hier wird geachtet und bewacht. Das, was in ihrem Elternhaus nicht Wert gehalten wurde, hier wird es nicht nur durch eine Hecke geschützt, sondern auch durch Wachen bewacht. Die greifen das Mädchen am ›dritten Tag‹ auf. In der späten Fassung (1857) heißt es, die Früchte, »waren alle gezählt«, das drückt die Wertschätzung sehr schön aus. Nur warum es nun »schöne Birnen« sein müssen, bleibt fraglich.

Die Aufgegriffene wird dem ›König‹ vorgeführt und der zeigt sich gutbürgerlich: Er will der Geschändeten wohl milde Gaben geben, sie in seinem Ordnungssystem aber nicht dulden. Genau so gehen wir auch heute mit denen um, die sich in unserem Ordnungssystem nicht zurechtfinden und die wir Randgruppen nennen: Wir geben ihnen Almosen und verscheuchen sie gleichzeitig mit rüden Methoden aus unserem Stadtbild.

Das Junge, der Sohn des Königs, ist offener, bringt neue Sicht- und Verhaltensweisen ein.

Warum der Entwurzelten nicht Boden zum Wurzeln bieten? Sie könne doch im Haus helfen, schlägt er vor, und dem Vater ist es recht.

Der Sohn handelt freilich nicht aus sozialen Motiven, er hat ein Auge auf die junge Frau geworfen. Wir dürfen unterstellen, dass er die auf den Rücken gebundenen Hände nicht wahrnimmt, weil er immer nur die junge Frau (in ihrer Funktion) sieht. Er will sie haben, und er wird sie bekommen.

Integration

In der späten Fassung entdeckt der König die Birnendiebin unter Schutz eines Priesters, lässt ihr silberne Hände machen und ehelicht sie dann.

Silberne Hände sind künstliche Hände, und sie sind teuer. Sie funktionieren (vielleicht), aber sie sind kalt und unbelebt. Diesem (späten) König scheint der äußere Schein besonders wichtig. Er, der Angst vor Geistern hat und deshalb den Schutz eines Priesters sucht, weil ihm eine Birne im Garten abhanden gekommen ist – er kann keine Frau ohne Hände heiraten, so sehr auch seine Libido brennt. Also tut er, wozu Wohlstand verleitet, er verdeckt mit Geld und schönem Schein, was nicht sein darf. Doch was verdeckt ist, ist noch lange nicht unwirksam.

Diese Textänderung reflektiert insoweit eine bürgerliche Haltung, die durch Verdrängung und Projektion bestimmt ist. Die abgehauenen Hände werden verdrängt und ihre Trägerin wird mit künstlichen Händen funktionstüchtig gemacht. Aber die hinterhältige, weil so unauffällige Änderung ist, dass der König selbst das Mädchen ohne Hände zur Frau nimmt. Der König ist aber Vatermann und steht somit auf einer Stufe mit dem Schändervater. Die seelische Botschaft, die hierdurch impliziert ist, vermag jeder selbst zu ergründen.

Ursprünglich ist es der Sohn, der Prinz, also die männliche Zukunft, der das Mädchen ohne Hände heiratet. Er steht soweit auf einer Stufe mit ihr und ihre abgehauenen Hände scheint er überhaupt nicht zur Kenntnis zu nehmen, was vermutlich das beste ist, was er in seiner Situation tun kann.

Das Mädchen ist in einer hilflosen Lage, seine Handlungsmöglichkeiten sind begrenzt. Es vermag sich in den Garten, das geordnete Leben einzuschleichen und dank seinem Urvertrauen, wird es von den Umständen getragen: Der Sohn des Hausherrn ergreift für sie Partei und verschafft ihr ein Unterkommen.

Das Mädchen nutzt die Gelegenheit, es hat ja auch gar keine andere Wahl. Es hilft im Haus, tut mit seinen Stümpfen, was es kann. Doch es muss bald erkennen, dass der Königssohn ein Interesse an ihm hat, denn er trifft sich mit ihr täglicht.

Hier wird nichts beschönigt und auch nichts verdrängt. Das Mädchen ist wie es ist. Es hat keine Hände, tut, was es kann, und die Gemeinschaft akzeptiert sie so, integriert sie, so gut es geht. Und mehr noch. Ein junger Mann von Rang ist rein genug in der Liebe, um ihr Wesen zu lieben, ohne die abgehauenen Hände zu beachten.

Diese Haltung, diese ungezwungene, unvoreingenommene Haltung und die friedliche Einbettung in ein gesundes soziales Umfeld sind die beste Hilfestellung, um das Mädchen ohne Hände in ein normales Leben einzugliedern.

Als der junge Mann schließlich heiraten soll, will er das Mädchen ohne Hände, und der Vater willigt schließlich notgedrungen ein. Er ist nicht einverstanden, aber tolerant genug, dem jungen Leben Raum zu geben, sich sein Flussbett selbst zu suchen.

Es klingt sehr lakonisch, wenn der König gerade noch der Heirat zustimmt und es gleich danach heißt: »Bald darauf starb er. Der Königssohn folgte ihm im Reich nach, und lebte insoweit glücklich mit seiner Gemahlin.« Aber das Märchen macht nun einmal keine Umschweife. Der König hat (in dieser Sache) seine Funktion erfüllt, wenn er sich der Heirat nicht entgegenstellt. Und die nächste wesentliche Etappe ist nun mal, dass der Sohn seinen Platz einnimmt, weil sich dadurch die Koordinaten auch seines Ehelebens verschieben.

Das Mädchen ohne Hände ist nun Königin, das heißt, sie ist voll integriert in das weltliche Leben, sie hat eine Aufgabe und einen Platz, den sie ausfüllt. Oberflächlich betrachtet ist alles wohl geordnet. Der junge König lebt »insoweit glücklich« mit seiner jungen Königin. Es wird sich beweisen müssen, ob dieses Glück Bestand hat. Aber es liegt nicht so sehr in der Hand des Paares, dem tragfähigen sozialen Umfeld kommt besondere Bedeutung zu.

Der schmerzensreiche Weg

Wie brüchig dieses oberflächliche Glück ist, wird sich bald zeigen. Der Mann muss fort, ob in einen Krieg oder auf eine Geschäftsreise, das sind nur Metaphern für die neue Beziehung, die entsteht. Der Mann ist von seiner Frau getrennt. Hier ist die Trennung ganz real räumlich. Er fährt fort, sie bleibt zurück. Die Trennung kann aber auch rein seelisch sein. Er bleibt da, ist aber im Herzen nicht bei seiner Frau. Gleich werden wir erfahren, dass sie schwanger ist. Junge Männer verlassen ihre schwangere Frau nicht selten im Herzen.

Wie auch immer, die junge Frau kommt nieder und die Kommunikation mit ihrem Ehemann ist erschwert. Er ist bei der Geburt nicht zugegen. Auch das scheint Alltag im Märchen. Immer wieder sind die Väter nicht zugegen, wenn ihre Frau ihr Kind zur Welt bringt. Oft sind sie vorher ahnungslos und werden durch die Geburt überrascht.* Wie ist das zu verstehen?

Wenn der Mann nicht mitbekommt, dass seine Frau schwanger ist, dann ist die liebevolle Verständigung zwischen den Eheleuten natürlich gestört. Doch unabhängig davon beweist es natürlich auch, dass der betreffende Mann seine

*vgl. »Die Nixe im Teich«, Bd. 6 dieser Reihe

Frau nicht richtig wahrnimmt. Und wenn der Mann während der Geburt »abwesend« ist, zum Beispiel auf der Jagd, dann sind ihm seine Angelegenheiten eben viel wichtiger und vielleicht drückt es sogar aus, dass er das Kind gar nicht will. Junge Männer sind nicht immer begeistert, wenn ihre Freundin oder Frau schwanger wird.

Nun, wenn dies alles auf diesen jungen Mann zutrifft, so ändert er sich zumindest durch die Nachricht von der Geburt. Doch weil die Schwangere ohne Hände und ihr junger Mann nicht direkt miteinander reden können, findet das Dunkle einen Weg aus der verborgenen Tiefe des Herzens. Unbemerkt mischt es sich in das alltägliche Geschehen und vergiftet das Zusammenleben schleichend aber fortschreitend. Es beginnt der schmerzensreiche Weg.

Die ersten Eindrücke, die ein Kind macht, sind die tiefsten. Spätere Eindrücke liegen zwar darüber, löschen die früheren aber nicht aus, im Gegenteil, die früheren bilden den Raster, an dem sich die späteren ausrichten. Wann erste Eindrükke aufgenommen werden, ist nur schwer zu bestimmen, aber mit Sicherheit lässt sich heute sagen, dass dieser Zeitpunkt vor der Geburt liegt. In der fetalen Phase und in den ersten Lebensjahren ist die Seele aber dadurch geschützt, dass das Bewusstsein des Kindes nur zum Teil in dieser Welt verankert ist, zum Teil in einer anderen, traumhaften oder märchenhaften Seelenwelt. Weil es noch keine Erfahrungen und daraus resultierende Maßstäbe hat, kann ein Kind Erlebnisse und die damit verbundenen Eindrücke nicht richtig bewerten. Alles ist sehr beeindruckend. Der traumhafte Kokon schützt das Kind und auf der Märchenebene seiner Seele kann es die Eindrücke symbolisch bearbeiten, ohne physisch betroffen zu sein.

Erwachsene respektieren den seelischen Kokon von Kindern selten. Sie verletzen die Würde des Kindes, missachten auch seine seelischen Bedürfnisse und behandeln es als Sache oder messen es mit erwachsenen Maßstäben. Solche Verletzungen sind sehr tiefe Eindrücke, die für die kindliche Seele nur schwer zu verarbeiten sind und die manchmal auch dazu führen, dass der Kokon zerreißt. Misshandlung und Missbrauch fügen der kindlichen Seele dauerhaften Schaden zu. Dieses Märchen hat eingangs erzählt, welche Mühe das Mädchen hat, wenigstens seine Seele rein zu halten. Das gelingt ihr, doch die Eindrücke sind eingegraben und bilden den Raster, an dem sich folgende Eindrücke ausrichten werden.

Wenn Missbrauch die erste sexuelle Erfahrung ist, werden sich alle folgenden sexuellen Erfahrungen so oder so daran messen. Und es ist ein langer, mühsamer und schmerzensreicher Weg, diese Prägung zu erkennen, sie als falsch zu erkennen, zu erkennen, wie sie andere Erfahrungen, die an sich gut und richtig sind, verfälscht, und schließlich die Prägung weitgehend aufzulösen und unwirksam zu machen, was nie ganz gelingen wird, weil zumindest die Erinnerung an die Ereignisse nicht gelöscht werden kann.

Von der betroffenen Frau verlangt es sehr viel Kraft, diesen schmerzensreichen Weg zu gehen, doch selbst, wenn sie diese seelische Kraft aufbringt, kann es ihr nicht allein gelingen, denn es ist ein Beziehungsproblem, es lässt sich also nur in und durch Beziehungen lösen. Zur seelischen Kraft müssen also ein starker Partner und ein förderliches Umfeld hinzukommen. In diesem Märchen ist beides gegeben.

Doch zunächst bewirkt die Prägung, was ihr eigen ist. Eine Prägung drückt sich dadurch aus, dass bestimmte, meist negative Erwartungen bestehen. Diese werden von den betreffenden Personen oft, ohne dass es ihnen bewusst ist, gebetsmühlenartig wiederholt. Ich denke, jedem fallen sofort Personen ein, die fortgesetzt schlecht über sich selbst reden in dem Sinne: das schaffe ich nicht; ich bin unmusikalisch; ich bin ein Pechvogel etc. Diese negativen ›Affirmationen‹ gehen gewöhnlich parallel mit Aussagen Dritter, die genauso selbstverständlich und unbewusst die Aussagen wiederholen: Der schafft das nicht. Der ist unmusikalisch. Das ist ein Pechvogel. Diesen Behauptungen folgen dann auch gewöhnlich die selbsterfüllenden Prognosen.

»Ich habe kein Glück und verlange auch keins«, ist das hemmende Credo des Mädchens ohne Hände. Das »normale Leben« war nur eine kurze Episode für die junge Frau. Und sie hat auch gar nichts anderes erwartet: »Ich bin nicht hierher gekommen, um Königin zu werden.« In diesem Leben, in dieser Ehe zu scheitern, ist die Erwartung, deren Same mit dem Missbrauch in sie gelegt wurde. Die Geschändete hält sich selbst für schlecht und schuldig und versucht unbewusst, sich das zu beweisen.

Das Märchen lässt sich nicht darüber aus, welcher Anlass dazu führt, den verinnerlichten Konflikt zu aktivieren. Hier ist es nur »das Böse«, das einen Brief vertauscht, eine Nachricht fälscht, die Verständigung zwischen den Eheleuten stört. Der Anlass ist auch nicht wichtig, irgendeiner wird irgendwann kommen, denn die Seele wird so lange Situationen erschaffen, auf die sie »das Böse« projizieren kann, bis es ihr gelingt, dieses Rätsel zu lösen.

Welches Rätsel? Die Betroffene merkt ja nicht, dass sie projiziert. Sie überträgt ihre alte Erfahrung auf neue Konstellationen mit anderen Personen. Dadurch nimmt sie die Personen nicht als sie selbst wahr, sondern als das, was sie auf sie projiziert und gegebenenfalls plus dem oder einem Teil davon, was die Person tatsächlich ist. Durch dieses Projizieren bekommt die Seele Gelegenheit, den immer gleichen Konflikt in immer neuen Variationen und Konstellationen zu erleben, bis sie das Muster, die Prägung erkennt. Dieses Erkennen ist ein Selbsterkennen. Im Märchen heißt es Erlösung. Doch von der Erlösung ist das Mädchen ohne Hände noch weit entfernt.

Jetzt macht die junge Mutter zunächst die ›Erfahrung‹, dass sie eben kein Glück hat in diesem Leben. Als man sie aus dem Leben vertreibt, das sie sich aufgebaut hat, reagiert sie, wie beim Fortgang von Zuhause. Nur diesmal ist sie nicht nur durch die abgehauenen Hände gezeichnet, sondern auch noch durch ein Kind, das ohne Vater aufwachsen muss. Natürlich gibt sich das Mädchen ohne Hände auch dafür die Schuld: »Bindet mir mein Kind und die Hände auf den Rücken, so will ich in die Welt ziehen.«

Eine Frau, die so beladen in die Welt zieht, hat einen schweren Gang vor sich. So viel Kraft ihr die Liebe geben mag und wie sehr sie sich auch bemühen will, diese Beladenheit wird sie von ihrem Kind nicht fernhalten können. Schon die Trennung vom Vater des Kindes belastet die meisten Frauen so sehr, dass ihre Kinder regulative Funktionen übernehmen müssen. Kinder sind ja sehr bereitwillig, seelische Funktionen zu übernehmen, um das Familiensystem zu stabilisieren, selbst wenn sie dadurch eigentlich überfordert sind. Es kann banal erscheinen, wenn das Kind im vakanten gewordenen Teil des Ehebetts schläft, doch das Bild hat Symbolkraft.

In der späten Fassung gelangt das Mädchen ohne Hände in eines der vielen leerstehenden Häuschen, die Wilhelm Grimm im Zauberwald gebaut hat. Dort lebt sie mit ihrem Kind, das sie Schmerzensreich nennt. Diese Namensgebung ist zweifellos eine schöne Erfindung, und in der Wiedersehensszene wird dem Kind auch mehr Bedeutung eingeräumt, doch bei allem Mitgefühl für den ›armen‹ Schmerzensreich, in diesem Märchen geht es um das missbrauchte Mädchen und nicht um ihr Kind. Das schmerzensreiche Kind ist lediglich eine Erweiterung seiner Mutter, die Schmerzen, die es hat, sind ihre Schmerzen. Selbst wenn die körperliche Symbiose bald aufgelöst ist, bleibt die seelische Verbindung zwischen Mutter und Kind immer stark. Und wenn die Mutter erlöst wird, ist damit auch soweit das Kind erlöst.

Weil Märchen immer geradlinig erzählen, ist die Hervorhebung des kindlichen Schicksals hier nicht angezeigt und wenn es noch so rührend ist, wie das »unschuldige Kind« dem »schlafenden Vater« das Tüchlein über die Augen deckt.

Aussöhnung

Im ›richtigen‹ Leben wird es wohl so sein, dass das Mädchen ohne Hände fort geht, die abgehauenen Hände und das vaterlose Kind auf den Rücken gebunden. So wird die junge Frau gehen und gehen und irgendwo ankommen, wo sie aufgenommen wird, wo sie einen neuen Anfang nimmt – und wo es irgendwann genauso kommt. Wieder wird es heißen: »Doch das Böse lauerte noch immer, um ihr zu schaden.« Und am Ende wird sie wieder fort gehen, die abgehauenen Hände und das vaterlose Kind auf den Rücken gebunden und ein Drittes dazu. Und jedes Mal wird sie etwas gebeugter unter der Last gehen. Bis, ja bis...

Das Märchen geht direkt weiter und führt das Mädchen ohne Hände gleich in die entscheidende Situation. Sie kommt »in einen dicken Wald und darin schließlich an einen gemauerten Brunnen. Da saß ein alter Mann, der hatte schon lange auf sie gewartet.«

Ist es nicht der gleiche Wald? Ist es nicht der gleiche alte Mann? Er sitzt dort im Wald und wartet auf sie. Warum?

Im Märchen ist der Wald der Seelenraum. Der Märchenheld verlässt die Alltagswelt und tritt in die Anderswelt ein. Das geschieht in Märchen unserer Breiten regelmäßig im Wald, im Zauberwald. Wenn das Mädchen ohne Hände dem alten Mann im Wald begegnet, handelt es sich also um eine symbolische Begegnung, um ein seelisches Ereignis. Darauf verweist auch der Brunnen, an dem der Alte sitzt. Der Brunnen und der Alte sind ein Bild.

»Der Brunnen mit seinem tief liegenden, wie ein dunkles Auge wirkenden Wasserspiegel ist ein ... Symbol des magischen Reiches oder Seelenlandes. Zugleich ist er aber auch ein Eingang zur Welt des Todes und der Nacht.«[1]

Vom Blick in unergründliche Tiefe geht ein magischer Sog aus. Deshalb ist der Brunnen »im Märchen das Eingangstor zum unterirdischen Zauberreiche«[2] und »ein Symbol für den Zugang zum Unbewußten«[3] Er verbindet »die zwei Bereiche, den Alltagsbereich des Bewußtseins und das magische Reich des Unbewußten«.[4]

Durch seine Form erinnert der Brunnen auch an den Geburtskanal. Er ist »der Ort, wo Dies-

[1] Beit, Hedwig von: Symbolik des Märchens. Bern (Francke) 1986,7. S. 36
[2] Mackensen, Lutz: Handwörterbuch des deutschen Märchens. 2 Bde. Berlin (de Gruyter) 1930/40. S. 1341
[3] Beit a. a. O. S. 672
[4] Dieckmann, Hans: Gelebte Märchen. Hildesheim (Gerstenberg) 1978. S. 84

seits und Jenseits miteinander verbunden sind, Brunnen und Quellen werden [deshalb] immer wieder mit Geburtsszenen in Verbindung gebracht.«* »Das Geheimnis von Leben und Tod wird in ihm zugänglich.«**

Es ist also kein zufälliges und unbedeutendes Detail, dass der alte Mann jetzt neben dem Brunnen sitzt, also an der Nahtstelle von dieser und jener Welt. Wir können annehmen, der »alte Mann im Wald«, der damals an dem Mädchen schuldig geworden ist, sei inzwischen verstorben. Vom Körper und den damit verbundenen Illusionen und Projektionen befreit, ›weiß‹ er dann, was er getan hat und welche Folgen es nach sich zieht. Deshalb sitzt er am Brunnen, denn er kann nicht hinüber in die andere Welt, weil er seinen Frieden nicht findet. Deshalb sitzt er an der Pforte und wartet, dass er erlöst wird. Es gibt nur eine, die ihn erlösen kann. Jetzt ist sie gekommen.

Das Mädchen vertieft sich in die Seelentiefe des Zauberwalds. Die abgehauenen Hände sind ihr auf den Rücken geladen und der Säugling dazu. So kommt sie an den Brunnen. So sieht sie den alten Mann wieder. Was soll sie tun?

Opfer empfinden natürlich Wut und Hass, wenn sie an ihre Peiniger denken. Hass macht blind. Doch wenn Opfer ihrem Täter gegenüber stehen, Mensch zu Mensch, Gesicht zu Gesicht, wenn sie sehen müssen, dann sind sie nicht selten einfach nur hilflos. Den Täter in seiner ganzen Jämmerlichkeit wirklich wahrzunehmen und sich gleich-

*Kast, Verena: Wege zur Autonomie. München (dtv) 1998,6. S. 151
** Ebd.: Familienkonflikte im Märchen. München (dtv) 1998. S. 119

zeitig die Tat vorzustellen oder eben sogar ihr Opfer zu sein, lässt – Ratlosigkeit entstehen. Es ist nicht zu verstehen.

Was also soll das ratlose Mädchen tun? Soll es mit seinen Armstümpfen auf den alten Mann eindreschen, bis er sich am Boden krümmt? Und dann? Vielleicht tut ein Mädchen ohne Hände das sogar, wenn sich ihm die Gelegenheit bietet. Doch am Ende werden ihm die ›Stümpfe‹ weh tun, und es wird erschöpft sein und ratlos. Die Dinge, die geschehen sind, kann nichts und niemand ungeschehen machen. Nicht einmal der liebe Gott.

Das Mädchen ist seinen Weg ohne Hände gegangen, es hat sein Los getragen. Es hat einen lieben Mann gefunden und ist Königin geworden. Doch die Schatten der Vergangenheit haben sich über das Leben der jungen Königin geschoben und sie hat ihren hohen Stand verloren. Mutter ist sie nun, kein Kind, keine Jungfrau mehr. Aber bei allem, das zeichnet sie aus, hat sie immer ihre Seele rein gehalten. Das allein hat ihr die Kraft gegeben, diesen Weg bis hierher zu gehen. Und das allein gibt ihr auch die Kraft, in dieser schwierigen Situation an die Zukunft zu denken und die Vergangenheit zu lassen, wo sie ist. Also setzt sie sich zu dem Alten und bittet ihn, das Kind, seinen Enkel zu nähren, an ihre Brust zu halten.

Der alte, gebeugte, gezeichnete Mann hält den zarten Säugling an die Brust seiner Tochter, die er missbraucht oder zum Missbrauch hingegeben hat. Und sie lässt es zu. Sie hat ja nun Mal keine Hände. Für ihr Kind, für die Zukunft lässt sie zu, was sie ohnehin nicht ändern kann. Und in diesem Augenblick ist der alte Mann erlöst. Der Bann des Dunklen ist gebrochen, nun kann seine nicht gelebte lichte Seite wieder hervortreten.

Der Alte macht sie auf einen Baum aufmerksam: »Da, siehst du den alten Apfelbaum dort?«

Es ist sinnvoller weise auch hier ein Apfelbaum, so dass sich dieses Motiv durch die gesamte Erzählung zieht. Der Apfelbaum ist ja, wie oben schon dargelegt, ein Symbol der Weiblichkeit, der Fruchtbarkeit. Durch den Missbrauch ist der Apfelbaum symbolisch abgehauen worden. Im königlichen Garten nähert sich das Mädchen ohne Hände dieser weiblichen Energie auf sehr elementare, existenzielle Weise. Ohne Hände bleibt diese Annäherung aber ›brachial‹. Ehefrau und Mutter wird sie trotzdem, doch nicht erfolgreich. Erst jetzt aber, wenn sie Kraft und Gelegenheit hat, den Apfelbaum, also das Weibliche an sich zu umarmen, wachsen ihr die Hände wieder an.

Nun ist sie erlöst, wie auch der alte Mann erlöst ist. Er kann nun in den Brunnen tauchen und auf der anderen Seite bei der Frau Hulda wieder auftauchen. Zuvor gibt er der jungen Mutter aber noch einen zweiten Rat: Sie soll in dem Apfelbaum wohnen und niemanden einlassen – es sei denn, er bittet mit größter Ernsthaftigkeit darum. Hier heißt es: »Er bittet dreimal im Angesicht Gottes darum«, was diese Ernsthaftigkeit unterstreicht.

Richtig, das Mädchen ohne Hände ist erlöst, es hat jetzt wieder Hände. Aber die junge Königin und Mutter ist noch lange nicht erlöst.

Der Edelmann

Eine wichtige Frage beantwortet das Märchen nicht: Weiß der junge Ehemann und König, dass seine Angetraute als Mädchen missbraucht wurde? Wir können uns ausmalen, dass sein Verhalten sehr unterschiedlich sein wird. Weiß er von dem Missbrauch, so weiß er von einem ›Rivalen‹, der seiner Geliebten Schaden zugefügt hat, der aber für ihn unerreichbar ist, so dass er ihn nicht zur Rechenschaft ziehen kann.

Wie verhält sich der Mann, wenn er von all dem nichts weiß? Er wird sich vermutlich ganz ähnlich verhalten, denn es ist nicht notwendig, dass seine Frau ihm von diesem Ereignis erzählt. Auch unausgesprochen wird ihr gesamtes Verhalten davon durchdrungen sein, so dass eine gefühlsmäßige Übertragung der Information auf einen so nahen Menschen wie den Ehepartner erfolgt. Es erreicht womöglich nicht die Bewusstseinsschwelle des Mannes, aber im unbewussten Bereich wird sein Verhalten beeinflusst werden.

Gehen wir also davon aus, der Mann ›weiß‹ was geschehen ist. Ein gewöhnlicher Mann, das dürfen wir annehmen, wird seine Frau als beschmutzt empfinden und deshalb dem Missbraucher (seelisch betrachtet) nach dem Leben trachten. Weil der Widersacher aber für ihn unerreichbar ist, auch nicht erreichbar wäre, wenn er seinen Namen wüsste, reagiert er mit Ablehnung gegen diesen »Fleck auf der Weste«, den er nicht abwaschen kann, und das heißt, er wird seine Ehefrau auf der unbewussten Ebene, also unterschwellig ablehnen und das Kind auch. Das Kind ist zwar von ihm, aber im Schatten der Schandtat empfindet er es als einen »Wechselbalg«, also ein misslungenes, nicht sein rechtes Kind.

Das ist die dunkle Seite des (Ehe-) Mannes, die hervortritt, wenn er bei der Geburt nicht zugegen ist, ob im »Krieg« oder »auf Reisen«, Geschäftsreisen. Das Böse schleicht sich ein, wenn er seiner Frau nicht beisteht, wenn er seinen Dingen nachgeht und sie sich selbst überlässt.

Irgendwann kommt der Mann von seiner Geschäftsreise – oder seiner Sauftour – zurück. Diesem hier gehen wenigstens dann die Augen auf und er beweist sich als Edelmann, weil er zur Selbsterkenntnis fähig ist. Schön sei das Kind, das er noch nicht einmal gesehen hat, so steht es im rechten Brief.

Sogleich bricht er auf, seine Frau und das Kind zu suchen. Nur einen treuen und selbstlosen Freund nimmt er mit. Das ist gut, denn er wird ihn in kritischer Situation stärken. Es ist ja de facto so, dass der junge Ehemann seine schwangere Frau, indem er auf Reise ging, quasi hat sitzen lassen, sich selbst überlassen.

Wenn wir im Hollywood-Format denken, dann hat die Hochschwangere ihrem Mann den Missbrauch in ihrer Jugend gestanden. Der kann mit der Wahrheit nicht umgehen und lenkt seine Ablehnung auf das Ungeborene. Will es abgetrieben sehen. Im Streit verlässt er das Haus, um auf eine längere Reise oder zu einer

Geliebten zu gehen. Sie bringt das Kind zur Welt, packt dann ihre Sachen und geht fort.

Wenn dieser Mann jetzt loszieht, seine Frau zu suchen, dann ist er auf einem Canossa-Gang. Und auf einem solchen Gang, kann man einen treuen Freund gut an der Seite haben.

Die missbrauchte Frau ist durch die Schandtat geprägt. Unbewusst projiziert sie auf jeden Sexualpartner oder auch auf jeden Mann die negative Erfahrung. Im Bereich des bewussten Denkens wird diese unbewusste Disposition intellektuell überformt. Trotzdem sind die Eindrücke aus dem Unbewussten heraus wirksam, überlagern die Wahrnehmen mit Projektionen und beeinflussen Entscheidungen und Handlungen. Gleichzeitig entwickelt das Ego ein Image, also ein bestimmtes Verhaltens- und Erscheinungsbild, das die Person abzugeben sich bemüht, zum einen, weil sie zu Recht oder Unrecht der Meinung ist, dieses Verhaltensbild sei erwünscht, zum anderen aber auch, um ihr eigentliches Wesen, dessen sie sich womöglich schämt, dahinter zu verbergen.

Der missbrauchten Frau in diesem Märchen ist das Unglaubliche gelungen, nämlich ihren Peiniger tatsächlich loszulassen, die Täter-Opfer-Bindung zu lösen. Den größten Vorteil hat sie selbst daraus, denn nun hat sie ›ihre Hände‹ wieder, hat Handlungsfreiheit. Der alte Mann ist erlöst und kann »heim gehen«.

Aber die Frau ist nur halb erlöst. Sie hat den Teil beigetragen, den sie leisten kann, hat das Problem sozusagen nach hinten, in die Vergangenheit gelöst, aber noch nicht nach vorne. Die junge Frau hat die kindliche Prägung auf ihrem Lebensweg auf verschiedene Männer mehr oder weniger angewandt und damit übertragen. Dadurch sind Verstrickungen entstanden, die noch zu lösen sind.

Das Märchen hält sich auch hier nicht mit den vielen Seitengeschichten auf, die einen Roman füllen könnten, und nimmt sich gleich den zentralen Konflikt vor: den Ehemann. Diese Beziehung muss unbedingt geheilt werden, wenn die Zukunft des Paars »reich« sein soll.

Die Opfer werden zu Tätern; das ist das Drama und die Tragik der negativen Prägung. Auch das Mädchen ohne Hände wird zum Täter, indem es die Prägung auf andere, soweit ›unschuldige‹ Männer anwendet. Und so wie die junge Mutter als Opfer allein die Verstrikkung mit dem Tätervater lösen konnte – der konnte nur büßend waren, bis sie soweit war –, genauso kann das Mädchen auch mit Händen nur warten, bis ihr Mann, ihr Opfer zu ihr kommt und dreimal in Gottesnamen um Einlass, also Vergebung bittet. Wohlgemerkt: das Opfer bittet um Vergebung. Es geht (im Märchen) nie um Taten, sondern immer nur um Erkenntnisse, die zur Persönlichkeitsbildung beitragen.

Der Freund

Die Verletzung ist tief, sehr tief. Wenn du zusehen musst, wie das Böse dir das Liebste nimmt, wirst du tief in der Seele verletzt. Eheleute sind astral ein Körper, eine Gesamtheit. Die Verletztheit des einen, ist die Verletztheit des anderen.

Der junge Mann hatte sich verirrt, er hatte sich von seiner Frau entfernt. Er hatte vergessen, dass »die bessere Hälfte« vor allem anderen das Wichtigste im Leben ist. Er hat seine Geschäfte wichtiger genommen als seine Ehehälfte und ihren Nachwuchs. Und das hat dem Bösen Angriffsfläche geboten. Nun vor den Folgen seines Tuns erkennt er die Verirrung und will bessern.

Wenn es im Märchen heißt, er mache sich auf die Suche nach seiner Frau, dann meint das, er nähert sich ihr wieder an, öffnet sich ihr und ihrem Empfinden. Das Märchen beschreibt diese Suche als lange Reise, doch es meint eine geistige Suche, eine Reise durch das Land der Seele. Es ist gut, einen Reisebegleiter, einen Seelenführer auf einer solchen Reise zu haben.

Der junge Mann reist also, sucht ohne Rast. Der Freund begleitet ihn treu. Weil er ein Freund ist, weiß er, dass es zunächst wenig Erfolg verspricht, Ratschläge zu machen. Obwohl sie in der Welt suchen, gelangen sie schließlich tatsächlich in den Zauberwald und verirren sich prompt. Es zeichnet sich ab, die entscheidende Situation zieht auf.

Der Freund ist es, der den Lichtschein entdeckt. Doch der junge König will nicht rasten und weiter nach seiner Frau suchen, »eher habe ich doch keine Ruhe«. Er ist so verbohrt in diese Suche, dass er am Ziel glatt vorbeilaufen würde. Er »erkennt« seine Frau noch nicht.

Und wieder ist der Freund sehr klug, wenn er nicht argumentiert sondern das Mitleid des Freundes anspricht. Der Freund nimmt sich zurück und bittet, um den jungen Mann auf den rechten Weg zu führen. Und der junge König bewährt sich und findet die Erlösung, weil er zum Mitleid fähig ist. Weil ihm sein Freund über Müdigkeit klagt, willigt er ein, dem Licht nach zu gehen, was er als Umweg betrachtet. So führt der Freund den jungen König zu seiner Frau zurück.

Als die beiden Männer zu dem Apfelbaum kommen, in dem die Königin wohnt, zeigt sich ihnen folgendes Bild: Es ist Nacht, der Vollmond scheint. Das Halbportrait der jungen Frau wird vom Fenster gerahmt.

Die junge Frau hat die ganze Zwischenzeit in dem Apfelbaum gewohnt und gewartet. Im Apfelbaum zu wohnen, ist wohl die innigste Verbindung, die man mit ihm eingehen kann. Das heißt, sie war die ganze Zeit über innig mit der Weiblichkeit verbunden. Jetzt ist sie eine reife Frau.

Die Nacht ist die Zeit der Seele. Der Mann nähert sich der Frau also nicht auf der Verstandesebene (Tag) sondern auf der Seelenebene (Nacht). Der Mond regiert die Nacht. Er ist mit der Weiblichkeit verbunden. Wenn der Mond voll ist, ist seine Kraft am größten. Diese Nacht gehört der Weiblichkeit. Und die Frau steht am Fenster. Das helle Licht im Haus rahmt ihr Gesicht ein. Ein anmutiges Bild einer starken Frau, die ihr Schicksal gemeistert hat.

Das Bild der Frau am Fenster zeigt die Erwartung. Die Frau wartet im Schutz ihres Seelenhauses. Sie hat ein Fenster geöffnet und schaut erwartungsvoll hinaus. Wir wissen bereits, dass sie auf den Einen wartet, der sehr ernsthaft um Einlass bitten wird. Keinen anderen wird sie einlassen. Sie kann da kein Risiko eingehen, denn sie ist tief verletzt. Wenn sie es noch einmal wagt, sich zu öffnen und ihre ganze Verletzlichkeit bloß zu legen, dann muss sie tiefes Vertrauen haben. Das fällt nicht vom Baum.

Der Freund führt zunächst das Gespräch. Er stellt eine Verbindung her, und dann führt er eine Situation herbei. Dabei geht er weiterhin sehr diplomatisch vor.

Natürlich erkennt er die junge Königin und er sieht auch gleich, dass ›ihre Hände‹ wieder ›dran‹ sind. Er ruft aber nicht: »Mein Freund und König, sieh nur hier, das ist deine Frau und ihre Hände sind auch wieder dran«; er sagt: »Das könnte deine Frau sein, so gleicht sie ihr, ... doch sie kann es nicht sein, denn sie hat ja Hände.«

Indem er den Widerspruch des Freundes vorwegnimmt, gibt er ihm Gelegenheit, selbst seine Frau später wiederzuerkennen. Dann bittet er um Nachtlager und die Frau weist ihn ab, weil sie muss. Jetzt kann der junge König sein Mitleid tätig ausdrücken und für seinen Freund bitten, der ja so müde ist und um dessen Willen sie diesen ›Umweg‹ gemacht haben.

Der betroffene Mann wird mit der schwierigen Situation allein nicht fertig. Der junge König wäre auf der Suche nach seiner Frau trotz gutem Willen an ihr vorbei gelaufen. Es braucht den Helfenden, den aufmerksam Machenden, den Freund. So gestärkt kann der Mann auf die Frau zugehen und die Schuld eines anderen tragen, aus Liebe zu ihr. Er bittet sie um Einlass. Er bittet sie also, sich (ihm wieder) zu öffnen. Er bittet sie damit indirekt um Verzeihung dafür, dass sie sich so verschlossen hat, um ihre Wunde zu schützen. »Um Gotteswillen« bittet er um Einlass, um zu beteuern, dass er ihre Wunde achten wird. Sein Herz ist berührt.

Erlösung

Der Mann erfüllt die magische Bedingung, dreimal in Gottes Namen zu bitten. Jetzt kann die Frau tun, was sie in ihrem Herzen tatsächlich herbeisehnt, die Tür zu öffnen, nicht etwa das schützende Haus zu verlassen und hinauszugehen, aber die Tür zu öffnen.

Und wieder ist es nicht das Paar selbst, das die Veränderung herbeiführt, sondern die heilenden Impulse kommen aus dem Umfeld. Diesmal tritt das Kind in Aktion, das in der spätern Fassung Schmerzensreich genannt wird. »Das Söhnlein sprang sogleich hinaus zu dem Mann und führte ihn zur Mutter ins Haus.«

»Die Hütte, das Haus, der Turm sind Symbole für die Wohnung der Seele.«* Wenn der Mann das Haus der Frau betritt, begegnet er ihrer Person als ganzer. Er nimmt sie vollständig wahr. Sein Blick ist nicht mehr darauf beschränkt, dass sie keine abgehauenen Hände hat und deshalb nicht seine Frau sein kann. Das Märchen sagt: »Da erkannte er sie als seine geliebte Frau.« Erkennen heißt auch immer anerkennen.

Nun ist die familiäre Integrität wiederhergestellt. Das misshandelte Mädchen hat seine Bindung an den Täter gelöst. Die Bindung drückte sich auch in Schuldprojektionen aus. Nachdem jetzt zumindest die Schuldprojektion zwischen den Eheleuten aufgelöst ist, kann der junge König endlich »sein Söhnchen auf den Arm« nehmen und »mit ihnen heim auf ihr Anwesen« gehen. Es wird hier nicht ausdrücklich erwähnt, aber der Mann ist vor der Geburt des Kindes abgereist, das ihm nun schon entgegenlaufen kann, das Paar war also ein paar Jahre getrennt. Das dimensioniert die Größe des Wiedersehens.

Auch daheim, in ›ihrem Reich‹ werden sie herzlich empfangen. »Da freuten sich alle Leute«, denn ihre Sympathien waren immer auf der Seite des Mädchens gewesen, sie konnten nur nichts für sie tun. Die junge Frau wird sehr dankbar sein, so empfangen zu werden. Es wird helfen, ihre Wunde sich weiter schließen zu lassen. Wenn das Glück komplett ist, heilt die Zeit nach und nach alle Wunden. »So lebten sie also innig vereint ein

*Müller, Paul Emanuel: Märchen zeigen Wege. München (Heyne) 1998. S. 165

schönes langes Leben. Und sie leben, weil wir ihre Geschichte kennen, fort in uns, auf immer und ewig.«

Ein Müller, der so arm war, daß er nichts weiter hatte, als seine Mühle und einen großen Apfelbaum dahinter, ging in den Wald Holz holen. Da trat ihn ein alter Mann an, der sprach: »Was quälst du dich so sehr, ich will dich reich machen, verschreib mir dafür, was hinter deiner Mühle steht, in drei Jahren will ichs abholen.« Der Müller denkt: das ist mein Apfelbaum, sagte ja, und verschriebs dem Manne. Wie er nach Haus kommt, sagt seine Frau zu ihm: »Müller, woher kommt der große Reichtum, der auf einmal Kisten und Kasten in unserm Haus angefüllt hat?« – das kommt von einem alten Mann aus dem Wald, ich hab ihm dafür verschrieben, was hinter der Mühle steht. – »Ach Mann, sprach die Frau erschrocken, das wird schlimm werden, der alte Mann war der Teufel und er hat unsere Tochter damit gemeint, die hat gerad hinter der Mühle gestanden und den Hof gekehrt.«

Die Müllerstochter war aber gar schön und fromm, und nach drei Jahren kam der Teufel ganz früh und wollte sie holen, aber sie hatte mit Kreide einen Kranz um sich gemacht und sich rein gewaschen. Da konnte der Teufel nicht zu ihr kommen, zornig sprach er zu dem Müller: »thu ihr alles Waschwasser weg, daß sie sich nicht mehr waschen kann, und ich Gewalt über sie habe.« Der Müller fürchtete sich und that es. Am andern Tag kam der Teufel wieder, aber sie hatte auf ihre Hände geweint und sich mit ihren Thränen gewaschen, und war ganz rein; da konnte ihr der Teufel abermals nicht nahen, ärgerte sich sehr und befahl dem Müller: »hau ihr die Hände ab, daß ich ihr was anhaben kann.« Der Müller aber entsetzte sich und antwortete: wie könnte ich meinem lieben Kind die Hände abhauen, nein, das

Dies ist die Textfassung der Erstausgabe. Davor stand die Sammelphase mit handschriftlichen Notizen. Die Brüder Grimm sind über Land gefahren und haben sich von Märchenerzählern Märchen erzählen lassen. Das Gehörte haben sie dann aus dem Gedächtnis niedergeschrieben und später ausgearbeitet. Vermutlich haben sie zu einzelnen Märchen von verschiedenen Erzählern verschiedene Versionen gehört. Gute Erzähler kannten die Texte so genau, dass sie auch bei einer Wiederholung kaum ein Wort anders sprachen. Doch von Erzähler zu Erzähler, von Region zu Region variierten die Texte. Wir können das heute noch nachvollziehen, weil ähnliche Motive in verschiedenen Märchen vorkommen.

thu ich nicht. »Weißt du was, so hol ich dich selber, wenn dus nicht thust!« Da fürchtete sich der Müller gewaltig und versprach ihm in der Angst, zu thun was er befohlen hätte. Ging zu seiner Tochter und sprach: mein Kind, der Teufel wird mich holen, wenn ich dir nicht beide Hände abhaue, und da habe ich es ihm versprochen, ich bitte dich um Verzeihung. »Vater, sagte sie, macht mit mir was ihr wollt«, legte ihre beiden Hände hin und ließ sie abhauen. Zum drittenmal kam der Teufel, allein sie hatte so lang und viel auf ihre Stümpfe geweint, daß sie doch ganz rein wurde, da hatte der Teufel alles Recht an ihr verloren.

Der Müller, weil er so großes Gut durch sie gewonnen hatte, versprach ihr nun, er wolle sie zeitlebens aufs köstlichste halten, allein sie mochte nicht mehr dableiben: »ich will fort von hier, mitleidige Menschen werden mir schon soviel geben, als ich zum Leben brauche.« Die beiden abgehauenen Hände ließ sie sich auf den Rücken binden; mit Sonnenaufgang zog sie fort und ging und ging den ganzen Tag, bis es Abend wurde, da kam sie zu des Königs Garten. In der Gartenhecke war eine Lücke, durch die ging sie hinein, fand einen Obstbaum, den schüttelte sie mit ihrem Leib, und wie die Äpfel zur Erde fielen, bückte sie sich nieder und hob sie mit ihren Zähnen auf und aß sie. Zwei Tage lebte sie so, am dritten aber kamen die Wächter des Gartens, die sahen sie, nahmen sie gefangen und warfen sie ins Gefangenenhaus, des andern Morgens wurde sie vor den König geführt, und sollte Landes verwiesen werden. Ei, sprach der Königssohn, sie kann ja lieber die Hühner auf dem Hof hüten!

So blieb sie eine Zeitlang da und hütete die Hühner, der Königssohn aber sah sie oft und gewann sie von Herzen lieb; mittlerweile kam nun die Zeit, daß er sich vermählen sollte. Da wurde ausgeschickt in alle weite Welt, um ihm eine schöne Gemahlin auszusuchen. »Ihr braucht nicht weit zu suchen und zu senden, sprach er, ich weiß mir eine ganz in der Nähe.« Der alte König besann sich hin und her und es war ihm keine Jungfrau im Land bekannt, die schön und reich wäre: »du wirst doch nicht etwa gar die da wollen heiraten, die die Hühner im Hofe hütet?« Der Sohn aber erklärte, er würde nimmermehr eine andere nehmen, da mußte es endlich der König zugeben, und bald darauf starb er. Der Königssohn folgte ihm im Reich nach, und lebte insoweit glücklich mit seiner Gemahlin.

Nun mußte aber einmal der König in den Krieg ziehen und während seiner Abwesenheit gebar sie ein schönes Kind, und sandte einen Boten mit einem Brief ab, worin sie ihrem Gemahl die frohe Nachricht meldete. Der Bote ruhte unterwegs an einem Bache und schlief ein, da kam der Teufel, der ihr immer zu schaden trachtete, und vertauschte den Brief mit einem andern, worin stand, daß die Königin einen Wechselbalg zur Welt gebracht hätte. Der König, als er den Brief las, betrübte sich sehr, doch schrieb er zur Antwort: man solle die Königin und das Kind wohl halten, bis zu seiner Rückkunft. Der Bote ging mit dem Brief zurück und als er am nämlichen Platz ruhte und eingeschlafen war, nahte sich der böse Teufel wieder, und schob einen andern Brief unter, worin der König befahl, Königin und Kind aus dem Land zu jagen. Dies mußte nun so geschehen, so sehr auch alle Leute vor Traurigkeit weinten: »ich bin nicht hierher gekommen, um Königin zu werden,

Wie weitgehend die Grimms, hauptsächlich Wilhelm, das Gesammelte verdichtet haben, wissen wir nicht, wie sinnig Wilhelm aber später die Texte verfeinerte, können wir anhand der nachfolgenden Ausgaben nachverfolgen.

ich habe kein Glück und verlange auch keins, bindet mir mein Kind und die Hände auf den Rücken, so will ich in die Welt ziehen.« Abends kam sie in einen dicken Wald zu einem Brunnen, wobei ein guter alter Mann saß. »Seyd doch so barmherzig, sprach sie, und haltet mir mein Kind an die Brust, solange bis ich ihm zu trinken gegeben habe«, welches der Mann that, und darauf sagte er zu ihr: »dort steht ein dicker Baum, zu dem geh hin und schlinge deine abgestumpften Arme dreimal um ihn!« und als sie es gethan, wuchsen ihr die Hände wieder an. Darauf zeigte er ihr ein Haus: »darin wohne und geh nicht heraus und mache niemand die Thür auf, der nicht dreimal um Gotteswillen darum bittet.«

Indessen war der König nach Haus gekommen und sah ein, wie er betrogen worden war. In der Begleitung eines einzigen Dieners machte er sich auf, und nach einer langen Reise verirrte er sich endlich gerade in der Nacht in demselben Walde, wo die Königin wohnte, er wußte aber nicht, daß sie ihm so nah war. Dort hinten, sprach der Diener, glimmt ein Lichtchen in einem Haus, gottlob, da können wir ruhen. – »Ach nein, sprach der König, »ich will nicht so lange rasten und weiter nach meiner geliebten Frau suchen, eher habe ich doch keine Ruhe.« Allein der Diener bat so viel und klagte so über Müdigkeit, daß der König aus Mitleid einwilligte. Wie sie zu dem Haus kamen, schien der Mond und sie sahen die Königin am Fenster stehen. »Ach, das muß unsere Königin seyn, so gleicht sie ihr, sagte der Diener, aber ich sehe doch, daß sie es nicht ist, denn diese da hat Hände.« Der Diener sprach sie nun um Herberg an, aber sie sagte es ab, weil er nicht um Gotteswillen gebeten hatte. Er wollte weiter gehen, und einen andern Platz zum Nachtlager suchen; da trat der König selbst hinzu: lasset mich ein, um Gotteswillen! – »nicht eher darf ich euch einlassen, bis ihr mich dreimal um Gotteswillen gebeten habt«, und wie der König noch zweimal gebeten hatte, machte sie auf, da kam sein Söhnlein herausgesprungen, führte ihn zur Mutter hin, und er erkannte sie alsobald für seine geliebte Frau. Den andern Morgen reisten sie allemiteinander in ihr Land, und wie sie zum Haus heraus waren, war es hinter ihnen verschwunden.

Wiedersehensszene in der Fassung von 1857

Der König kam endlich aus dem Felde wieder nach Haus, und sein erstes war, daß er seine Frau mit dem Kinde sehen wollte. Da fing die alte Mutter an zu weinen und sprach: »Du böser Mann, was hast du mir geschrieben, daß ich zwei unschuldige Seelen ums Leben bringen sollte!«, und zeigte ihm die beiden Briefe, die der Böse verfälscht hatte, und sprach weiter: »Ich habe getan, wie du befohlen hast«, und wies ihm die Wahrzeichen, Zunge und Augen. Da fing der König an noch viel bitterlicher zu weinen über seine arme Frau und sein Söhnlein, daß es die alte Mutter erbarmte und sie zu ihm sprach: »Gib dich zufrieden, sie lebt noch. Ich habe eine Hirschkuh heimlich schlachten lassen und von dieser die Wahrzeichen genommen, deiner Frau aber habe ich ihr Kind auf den Rükken gebunden, und sie geheißen, in die weite Welt zu gehen, und sie hat versprechen müssen, nie wieder hierherzukommen, weil du so zornig über sie wärst.« Da sprach der König: »Ich will gehen, soweit der Himmel blau ist, und nicht essen und nicht trinken, bis ich meine liebe Frau und mein Kind wiedergefunden habe, wenn sie nicht in der Zeit umgekommen oder Hungers gestorben sind.«

Darauf zog der König umher, an die sieben Jahre lang, und suchte sie in allen Steinklippen und Felsenhöhlen, aber er fand sie nicht und dachte, sie wäre ver-

Das ursprüngliche »Mädchen ohne Hände« ist durch die Bearbeitung von Wilhelm Grimm in wesentlichen Details verändert worden, was die eigentlich reine Botschaft stark verstellt und verformt.

schmachtet. Er aß nicht und trank nicht während dieser ganzen Zeit, aber Gott erhielt ihn. Endlich kam er in einen großen Wald und fand darin das kleine Häuschen, daran das Schildchen war mit den Worten »Hier wohnt ein jeder frei.« Da kam die weiße Jungfrau heraus, nahm ihn bei der Hand, führte ihn hinein und sprach: »Seid willkommen, Herr König«, und fragte ihn, wo er herkäme. Er antwortete: »Ich bin bald sieben Jahre umhergezogen und suche meine Frau mit ihrem Kinde, ich kann sie aber nicht finden.« Der Engel bot ihm Essen und Trinken an, er nahm es aber nicht und wollte nur ein wenig ruhen. Da legte er sich schlafen und deckte ein Tuch über sein Gesicht.

Besonders auffällig ist neben der Implantation christlicher Elemente wie Jungfrau und Engel die Neuarrangierung der Vereinigungsszene, die in der allgemein verbreiteten Fassung einen breiten Raum einnimmt. Es ist doch auch einfach zu rührend, wie dieses

Darauf ging der Engel in die Kammer, wo die Königin mit ihrem Sohne saß, den sie gewöhnlich Schmerzenreich nannte, und sprach zu ihr: »Geh heraus mitsamt deinem Kinde, dein Gemahl ist gekommen.« Da ging sie hin, wo er lag, und das Tuch fiel ihm vom Angesicht. Da sprach sie: »Schmerzenreich, heb deinem Vater das Tuch auf und decke ihm sein Gesicht wieder zu.« Das Kind hob es auf und deckte es wieder über sein Gesicht. Das hörte der König im Schlummer und ließ das Tuch noch einmal gerne fallen. Da ward das Knäbchen ungeduldig und sagte: »Liebe Mutter, wie kann ich meinem Vater das Gesicht zudecken, ich habe ja keinen Vater auf der Welt? Ich habe das Beten gelernt, unser Vater, der du bist im Himmel; da hast du gesagt, mein Vater wär im Himmel und wäre der lie-

Kind Schmerzensreich dem Vater das Tuch auf die Augen legt und ihm damit den Schleier von dem Augen zieht. Das ist eine Änderung, die eindeutig dem Effekt dient. Damit ist sie für die Fortentwicklung der Märchen bis heute leider richtungweisend geworden. Wir rücken das Ende dieser allgemein verbreiteten Fassung hier zum Vergleich ein.

be Gott: wie soll ich einen so wilden Mann kennen? Der ist mein Vater nicht.« Wie der König das hörte, richtete er sich auf und fragte, wer sie wäre. Da sagte sie: »Ich bin deine Frau, und das ist dein Sohn Schmerzenreich.« Und er sah ihre lebendigen Hände und sprach: »Meine Frau hatte silberne Hände.« Sie antwortete: »Die natürlichen Hände hat mir der gnädige Gott wieder wachsen lassen«; und der Engel ging in die Kammer, holte die silbernen Hände und zeigte sie ihm. Da sah er erst gewiss, dass es seine liebe Frau und sein liebes Kind war, und küßte sie und war froh und sagte: »Ein schwerer Stein ist von meinem Herzen gefallen.« Da speiste sie der Engel Gottes noch einmal zusammen, und dann gingen sie nach Haus zu seiner alten Mutter. Da war große Freude überall, und der König und die Königin hielten noch einmal Hochzeit, und sie lebten vergnügt bis an ihr seliges Ende.

Spaziergänge durch den Zauberwald

Dieses oder andere Märchen können Sie sich auf viele verschiedene Arten weiter erschließen. Fraglos ist es gut, oft und viele Märchen* zu lesen, um sich in ihre besondere Bildsprache einzufühlen, um sich mehr und mehr im Reich der Seele und ihren Archetypen zuhause zu fühlen.

Um Märchen wirklich zu verstehen, muss man sehr genau lesen, jedes Detail wertschätzen und sich ganz für ihre tiefe Symbolik öffnen. Die Symbolik erwächst zu einem guten Teil einem animistischen Welterleben und der damit verbundenen naturweisen Ordnung. Diese Perspektive auf die Wirklichkeit ist heute nicht mehr vertraut.

Über das Lesen hinaus gibt es verschiedene Möglichkeiten, sich in der Märchenwelt zu bewegen. Eine expressive Weise, sich ein Märchen zu erschließen, ist, seine Bilder zu erleben. Lassen Sie sich ein Märchen vorlesen. Setzen Sie sich entspannt hin und tun Sie nichts anderes, als zuzuhören und sich jede Szene intensiv als Bild vorzustellen. Hören Sie also nicht auf die Wörter, sondern sehen Sie die Bilder. Es ist gut, dabei die Augen zu schließen.

Anmerkung Verwenden Sie keine Märchen-Kassetten, die irgendwie inszeniert sind, auf denen der oder die Sprecher ihre Stimme zur In-

* Mit Märchen meine ich immer unsere nordeuropäischen Volksmärchen. Kunstmärchen oder Märchen aus anderen Kulturen mögen erbaulich sein, doch sie berühren nicht die Tiefe unsere Seele, wie es nur das Erbgut unserer eigenen Kultur tun kann.

terpretation nutzen, um der, den Figuren Gestalt zu geben. Lassen Sie sich vorlesen und lesen Sie Ihren Kindern vor. Möglichst ›unprofessionell‹, also ohne Inszenierung und Interpretation. Dann kann die Seele die Bilder des Märchens selbst inszenieren, so wie sie es braucht.

Hören sie also passiv zu und erschaffen, so gut Sie können, Ihre privaten Bilder. Am Ende des Vortrags bleiben Sie still bei sich und horchen in sich hinein: Welches Bild klingt am drängendsten nach? Lassen Sie es sich in ihrer geistigen Vorstellung entwickeln. Malen Sie es vor Ihrem geistigen Auge aus.

Und dann malen Sie es! Nehmen Sie ein großes Blatt Papier, mindestens DIN A3, besser A2, und dicke farbige Stifte. Wachsstifte sind gut geeignet. Oder malen Sie mit Wasserfarben (Gouache) und einem kräftigen (Borsten-) Pinsel. Nehmen Sie keine feinen Stifte oder fieselige Pinselchen. Malen Sie brachial, aus dem Bauch und mit dem ganzen Arm.

Gestalten Sie Ihr geistiges Bild aus. Lassen Sie sich nicht von vermeintlichem oder tatsächlichem künstlerischen Unvermögen abschrecken und malen Sie die Szene des Märchens, die Sie besonders berührt, auf die Ihnen gemäße Weise. Drücken Sie sich aus.

Sie können das mit »Das Mädchen ohne Hände« tun, aber auch mit jedem anderen Märchen. Ihre Seele sucht sich schon, was sie braucht.

Beobachten Sie beim Malen Ihre Emotionen. Unvoreingenommen. Wenn Sie fertig sind mit Ihrem Bild, betrachten Sie in aller Ruhe, was (nicht wie) Sie gemalt haben. Natürlich ist dabei das Gespräch mit einem neutralen, aber einfühlsamen Dritten und/oder in einer Gruppe sehr hilfreich.

Eine weitere Form der Auseinandersetzung mit Ihrem Lieblingsmärchen (oder jedem anderen) besteht darin, direkte Zwiesprache mit Ihrem inneren Kind zu nehmen. Dazu gehen Sie das Märchen Schritt für Schritt durch und fragen sich, beziehungsweise Ihr inneres Kind zu jeder Szene, jedem Bild, jeder Figur, jedem Aspekt (so, wie Sie mögen), was es dazu zu sagen hat.

Alltagsmythen

Wer sich ernsthaft mit Märchen beschäftigt, erhebt schon bald die Forderung, ihre therapierelevante Wirkkraft ihm Rahmen der sozio-kulturellen Integration des Einzelnen in den gesellschaftlichen Verbund zu nutzen, meist verbunden mit der Klage, dass dies nicht geschähe und dass uns die Märchen verloren gingen.

Man kann das mit Recht beklagen. Vielleicht kann man bald darauf auch nach Subvention rufen. Man kann gleichsam den Verlust von Oper, Konzert, Ballett und vielem anderen beklagen. Doch die gesellschaftlichen Prozesse werden davon wenig berührt.

Märchen sind wahrlich etwas Wunderbares. Wie Kristalle über Jahrtausende vom Berg zu glitzernden Steinen gepresst werden, so sind die ewig großen Bilder der Seele über lange, lange Zeit in eine Erzählform gepresst worden, die wir Märchen nennen. Dabei sind einige Diamanten entstanden und viele, viele Edelsteine. Die Diamanten in Brillanten zu verwandeln, haben sich immer wieder Literaten aufgemacht. Doch die Erschwernis im Vergessen geschriebener, gedruckter, vervielfältigter Sätze, gestaltet die Evolution des ›Erzählguts‹ träge. Und »das Volk«, das ja die Volksmärchen lesen soll, um die positive Wirkung in großer Breite gesellschaftlich zu nutzen – das Volk ist verwirrt und wendet sich deshalb ab.

Dieses Bild ist nicht sehr genau gezeichnet. Es kann ja nicht in erster Linie um den Erhalt der Märchen gehen. Dann dürfte doch mit Recht gefragt werden: *Qui bonum?* Es geht vielmehr darum, die Märchen für unsere Persönlichkeitsentwicklung zu erhalten. Es geht in erster Linie also um die Persönlichkeitsentwicklung. Und wer will *qui bonum* da zweifeln.

Nun, wir können eine Pflanze mit *speziellem* Wasser gießen und das *kann* ihr gut tun, doch wenn wir das nicht tun, dann wird sie sich an Wasser holen, was sie bekommen kann, weil sie nur ein Ziel hat: wachsen. Mit der Persönlichkeitsentfaltung ist es nicht anders. Sie holt sich, was sie bekommen kann, und wenn sie keine Märchen bekommt, holt sie sich die Mythen an anderer Stelle. Was sie eben bekommen kann.

Darüber mag man dann schon eher mit Recht klagen, denn hier und da haben sich Kräfte der Mythen bemächtigt, die in erster Linie ihren finanziellen Vorteil suchen und die Mythen nur benutzen, um ihre Absichten zu transportieren. Auch dieser Aspekt wäre sorgfältig zu betrachten. Woher beziehen »StarWars«* oder »Harry Potter«* ihre Wirkkraft auf die Massen?

Wer beklagen will, dass die Mythen dieser praepostkapitalistischen Gesellschaft von den Magiern der Werbepsychologie und den Philosophen der Optimierung ge/missbraucht werden, der muss diesen abgelehnten Mythen andere entgegenstellen. Zu erwarten, »das Volk« würde auf Mythen verzichten, wenn sie »schädlich« sind, unterstellt, das Volk könne auf Mythen verzichten.

Diesen Irrtum hat der (realexistierende) Sozialismus geschichtlich bezahlt. Die kubanische

*»StarWars« bezieht sich auf die Kinofilme, »Harry Potter« auf die Buchreihe

Ausprägung hat länger überdauert, weil sie ein wenig Mythos zu bieten hat. Auch in der »Ostalgie«, der Sehnsucht nach der DDR, ist der Versuch der Mythenbildung erhalten, um dem »verlorenen Leben« einen nachträglichen Inhalt zu geben.

Es mag so aussehen, dass der Kampf um Macht und Einfluss und Wohlstand Lebensinhalt ist, doch in Wirklichkeit sucht das Individuum die Begegnung mit den mythischen Bildern, die Konflikte der Archetypen, das kosmische Werden, Walten und Vergehen. Das Individuum oder die Einzelseele will sich zurechtfinden in Chor und Orchester der Schöpfung, seinen Platz einnehmen. Und Mythen und Märchen sind hilfreiche Platzanweiser, die bei der Auswahl des Platzes helfen. In welchem Theater solcher Komfort!

Weniger pathetisch geht es darum, dass der Einzelne sich mehr oder weniger in Verwicklungen und Verstrickungen erlebt und einen Weg sucht. Dieser Weg soll natürlich zu einem Zustand führen und diesen Zustand, dieses Ziel definiert natürlich ein jeder für sich selbst. Darin liegen dann die künftigen Verwicklungen und Verstrickungen wie ein Same.

Durch dieses holographische Labyrinth einen Weg zum Ursprung zurück zu finden, ist das Urmotiv allen Bewusstseins. Es gibt viele Theorien darüber, wie dieses »Endziel« aussieht. Viele davon sind sehr amüsant. Das Ziel bleibt davon unberührt. Und wir werden es erkennen, wenn wir angelangt sind – frühestens.

ꕥ Inhalt ꕥ

Prolog im Zauberwald 3
Einleitung 9
Märchen heilen *10*
Märchengeschichte *15*
Selbstheilung *17*
Fremdemführer durch den Zauberwald *23*
Zwischenruf 25
Das Mädchen ohne Hände (2004) 29
Der schmerzensreiche Weg 37
Mann und Frau *38*
Die abgehauenen Hände *41*
Die Tat *45*
Die Entdeckung *49*
Ein Los tragen *52*
Der Garten *55*
Integration *57*
Der schmerzensreiche Weg *60*
Aussöhnung *66*
Der Edelmann *71*
Der Freund *75*
Erlösung *78*

Mädchen ohne Hände (1812) 29
Das Mädchen ohne Hände (1857) 86

Spaziergänge durch den Zauberwald 89

Alltagsmythen 93

Die Deutsche Bibliothek – CIP-Einheitsaufnahme

Ein Titeldatensatz ist bei der Deutschen Bibliothek erhältlich

www.param-verlag.de

Fotos Karl-Heinz Koch
Illustrationen Nataly Meenen
Satz und Gestaltung ComGraphiX, Ahlerstedt
Druck und Verarbeitung Druckerei Steinmeier, Nördlingen

ISBN 3-88755-240-7

Heilung durch Märchen

Verwirrung der Gefühle

Hänsel und Gretel
Das unerwünschte Kind
ISBN 3-88755-231-8

Vom Zauber der Erotik

Aschenputtel
Ausgeliefert und missachtet
ISBN 3-88755-232-6

Die Macht der Dreizehn

Dornröschen
Erweckung des Weiblichen
ISBN 3-88755-233-4

Jeder Band dieser Reihe behandelt ein Märchen und ist in sich abgeschlossen.

Neben verschiedenen Versionen des Märchentextes und seiner tiefgehenden und aktuellen Deutung werden Anregungen zur kreatieven Auseinandersetzung gegeben, um die seelisch heilende Kraft der Märchen nachhaltig zu nutzen.

Jeder der dreizehn Bände
96 Seiten, 11,4 × 17,4 cm,
brosch.

param

Heilung du

ISBN 3-88755-234-2

Schneewitchen
Rivalinnen
Die Mutter zum Feind

Das singende springende Löweneckerchen
Liebe erlangen
Wie zwei ein Paar werden

ISBN 3-88755-235-0

Brüderchen und Schwesterchen
Geschwisterliebe
Verstrickungen lösen

SBN 3-88755-238-5

Von dem Fischer und seiner Frau
Unerfüllte Beziehung
Die Wiederherstellung des

ISBN 3-88755-239-3

Märchen

ISBN 3-88755-236-9

Die Sünden der Väter

Die Nixe im Teich
Untreue

Männer brauchen Hilfe

ISBN 3-88755-237-7

Der Eisenhans
Mann werden

ISBN 3-88755-240-7

Der schmerzensreiche Weg

Das Mädchen ohne Hände
Das missbrauchte Kind

ISBN 3-88755-241-5

Lasst mich doch einfach sein

Hans mein Igel
Das behinderte Kind

Heilung durch Märchen

Was Kinder tragen müssen

Das Geheimnis wird gelüftet

Die zwölf Brüder
Zerrüttete Ehe
ISBN 3-88755-242-3

Rumpelstilzchen
Frauen-Power
ISBN 3-88755-243-1

Märchen-Karten

Sie entdecken mit diesen 50 Symbol-Karten Ihr ganz persönliches Lebens-Märchen

50 Farbkarten 8 × 12 cm
Begleitbuch mit 144 Seiten
in stabiler Kunststoffbox
ISBN 3-88755-206-7

www.param-verlag.de